LES
ARTICLES ORGANIQUES

AU POINT DE VUE

DU DROIT DES GENS

DU DROIT CANONIQUE, DU DROIT CIVIL

PAR

G. DESJARDINS

Prix : 1 fr. ; par la poste : 1 fr. 15 cent.

GRENOBLE

BARATIER ET DARDELET, IMPRIMEURS - LIBRAIRES

1884

LES
ARTICLES ORGANIQUES

AU POINT DE VUE
DU DROIT DES GENS
DU DROIT CANONIQUE, DU DROIT CIVIL

PAR

G. DESJARDINS

Prix : 1 fr. ; par la poste, 1 fr. 15 cent.

GRENOBLE

BARATIER ET DARDELET, IMPRIMEURS - LIBRAIRES

1881

GRENOBLE, IMPRIMERIE BARATIER ET DARDELET.

LES ARTICLES ORGANIQUES

AU POINT DE VUE

DU DROIT DES GENS, DU DROIT CANONIQUE, DU DROIT CIVIL

—»»»OC««—

CONCORDAT

(18 germinal an x — 8 avril 1802.)

La convention passée à Paris, le 26 messidor an ix, entre le Pape et le gouvernement français, et dont les ratifications ont été échangées à Paris, le 23 fructidor an ix (10 septembre 1801), ensemble les articles organiques de ladite convention, les articles organiques des cultes protestants, dont la teneur suit, seront promulgués et exécutés comme des lois de la République.

Convention entre le Gouvernement français et Sa Sainteté Pie VII, échangée le 25 fructidor an IX (10 septembre 1801).

Le Premier Consul de la République française, et Sa Sainteté le Souverain Pontife Pie VII, ont nommé pour leurs plénipotentiaires respectifs :

Le Premier Consul, les citoyens Joseph Bonaparte, conseiller d'Etat; Cretet, conseiller d'Etat, et Bernier, docteur en théologie, curé de Saint-Laud d'Angers, munis de pleins pouvoirs ;

Sa Sainteté, Son Eminence Monseigneur Hercule Consalvi, cardinal de la sainte Eglise romaine, diacre de Sainte-Agathe, *ad Suburram*, son secrétaire d'Etat; Joseph Spina, archevêque de Corinthe, prélat domestique de Sa Sainteté, assistant du trône pontifical, et le Père Caselli, théologien consultant de Sa Sainteté, pareillement munis de pleins pouvoirs en bonne et due forme ;

Lesquels, après l'échange des pleins pouvoirs respectifs, ont arrêté la convention suivante :

Convention entre le Gouvernement français et Sa Sainteté Pie VII.

Le gouvernement de la République française reconnaît que la religion catholique, apostolique et romaine, est la religion de la grande majorité des citoyens français.

Sa Sainteté reconnaît également que cette même religion a retiré et attend encore en ce moment, le plus grand bien et le plus grand éclat de l'établissement du culte catholique en France, et de la profession particulière qu'en font les Consuls de la République.

En conséquence, d'après cette reconnaissance mutuelle, tant pour le bien de la religion, que pour le maintien de la tranquillité intérieure, ils sont convenus de ce qui suit :

Art. 1er. — La religion catholique, apostolique et romaine, sera librement exercée en France : son culte sera public, en se conformant aux règlements de police que le gouvernement jugera nécessaires pour la tranquillité publique.

Art. 2. — Il sera fait par le Saint-Siége, de concert avec le gouvernement, une nouvelle circonscription des diocèses français.

Art. 3. — Sa Sainteté déclarera aux titulaires des évêchés français qu'elle attend d'eux avec une ferme confiance, pour le bien de la paix et de l'unité, toute espèce de sacrifices, même celui de leurs siéges.

D'après cette exhortation, s'ils se refusaient à ce sacrifice commandé par le bien de l'Eglise (refus néanmoins auquel Sa Sainteté ne s'attend pas), il sera pourvu, par de nouveaux titulaires, au gouvernement des évêchés de la circonscription nouvelle, de la manière suivante.

Art. 4. — Le Premier Consul de la République nommera, dans les trois mois qui suivront la publication de la bulle de Sa Sainteté, aux archevêchés et évêchés de la circonscription nouvelle. Sa Sainteté conférera l'institution canonique, suivant les formes établies par rapport à la France avant le changement de gouvernement.

Art. 5. — Les nominations aux évêchés qui vaqueront dans la suite seront également faites par le Premier Consul, et l'institution canonique sera donnée par le Saint-Siége, en conformité de l'article précédent.

Art. 6. — Les évêques, avant d'entrer en fonctions, prêteront directement, entre les mains du Premier Consul, le serment de fidélité qui était en usage avant le changement de gouvernement, exprimé dans les termes suivants :

« Je jure et promets à Dieu, sur les saints Evangiles, de

» garder obéissance et fidélité au gouvernement établi par
» la Constitution de la République française. Je promets
» aussi de n'avoir aucune intelligence, de n'assister à au-
» cun conseil, de n'entretenir aucune ligue, soit au dedans,
» soit au dehors, qui soit contraire à la tranquillité publi-
» que; et si, dans mon diocèse ou ailleurs, j'apprends
» qu'il se trame quelque chose au préjudice de l'Etat, je
» le ferai savoir au gouvernement. »

Art. 7. — Les ecclésiastiques du second ordre prêteront le même serment entre les mains des autorités civiles désignées par le gouvernement.

Art. 8. — La formule de prière suivante sera récitée à la fin de l'office divin, dans toutes les églises catholiques de France : *Domine, salvam fac Republicam ; Domine, salvos fac Consules.*

Art. 9. — Les évêques feront une nouvelle circonscription des paroisses de leurs diocèses, qui n'aura d'effets que d'après le consentement du gouvernement.

Art. 10. — Les évêques nommeront aux cures.

Leur choix ne pourra tomber que sur des personnes agréées par le gouvernement.

Art. 11. — Les évêques pourront avoir un chapitre dans leur cathédrale, et un séminaire pour leur diocèse, sans que le Gouvernement s'oblige à les doter.

Art. 12. — Toutes les églises métropolitaines, cathédrales, paroissiales et autres non aliénées, nécessaires au culte, seront remises à la disposition des évêques.

Art. 13. — Sa Sainteté, pour le bien de la paix et l'heureux rétablissement de la religion catholique, déclare que ni elle, ni ses successeurs, ne troubleront en aucune manière les acquéreurs des biens ecclésiastiques aliénés, et qu'en conséquence, la propriété de ces mêmes biens, les droits et revenus y attachés, demeureront incommutables entre leurs mains ou celles de leurs ayants cause.

Art. 14. — Le gouvernement assurera un traitement convenable aux évêques et aux curés dont les diocèses et les paroisses seront compris dans la circonscription nouvelle.

Art. 15. — Le gouvernement prendra également des mesures pour que les catholiques français puissent, s'ils le veulent, faire en faveur des églises des fondations.

Art. 16. — Sa Sainteté reconnaît dans le Premier Consul de la République française, les mêmes droits et prérogatives dont jouissait près d'elle l'ancien gouvernement.

Art. 17. — Il est convenu entre les parties contractantes que, dans le cas où quelqu'un des successeurs du Premier Consul actuel ne serait pas catholique, les droits et prérogatives mentionnés dans l'article ci-dessus, et la nomination aux évêchés seront réglés, par rapport à lui, par une nouvelle convention.

Les ratifications seront échangées à Paris dans l'espace de quarante jours.

Fait à Paris, le 26 messidor an IX.

Signé : Joseph BONAPARTE (L. S.) Hercules, cardinalis CONSALVI (L. S.) CRETET (L. S.) JOSEPH, archiep. Corinthi (L. S.) BERNIER (L. S.) F. Carolus CASELLI (L. S.)

ARTICLES ORGANIQUES

(20 messidor an IX).

TITRE Ier. — DU RÉGIME DE L'ÉGLISE CATHOLIQUE DANS SES RAPPORTS GÉNÉRAUX AVEC LES DROITS ET LA POLICE DE L'ÉTAT.

Art. 1er. — Aucune bulle, bref, rescrit, décret, mandat, provision, signature servant de provision, ni autres expéditions de la cour de Rome, même ne concernant que les particuliers, ne pourront être reçus, publiés, imprimés, ni autrement mis à exécution, sans l'autorisation du gouvernement.

Art. 2. — Aucun individu se disant nonce, légat, vicaire ou commissaire apostolique, ou se prévalant de toute autre dénomination, ne pourra, sans la même autorisation, exercer sur le sol français ni ailleurs aucune fonction relative aux affaires de l'Église gallicane.

Art. 3. — Les décrets de synodes étrangers, même ceux des conciles généraux ne pourront être publiés en France avant que le gouvernement en ait examiné la forme, leur conformité avec les lois, droits et franchises de la République française, et tout ce qui, dans leur publication, pourrait altérer ou intéresser la tranquillité publique.

Art. 4. — Aucun concile national ou métropolitain, aucun synode diocésain, aucune assemblée délibérante, n'aura lieu sans la permission expresse du gouvernement.

Art. 5. — Toutes les fonctions ecclésiastiques seront gratuites, sauf les oblations qui seraient autorisées et fixées par les règlements.

Art. 6. — Il y aura recours au Conseil d'Etat dans tous les cas d'abus de la part des supérieurs et autres personnes ecclésiastiques.

Les cas d'abus sont l'usurpation ou l'excès de pouvoir, la contravention aux lois et règlement de la République, l'infraction des règles consacrées par les canons reçus en France, l'attentat aux libertés, franchises et coutumes de l'Eglise gallicane, et toute entreprise ou tout procédé qui, dans l'exercice du culte, peut compromettre l'honneur des citoyens, troubler arbitrairement leur conscience, dégénérer contre eux en opposition ou en injure, ou en scandale public.

Art. 7. — Il y aura pareillement recours au Conseil d'Etat, s'il est porté atteinte à l'exercice public du culte, et à la liberté que les lois et les règlements garantissent à ses ministres.

Art. 8. — Le recours compétera à toute personne intéressée. A défaut de plainte particulière, il sera exercé d'office par les préfets.

Le fonctionnaire public, ecclésiastique, ou la personne qui voudra exercer ce recours, adressera un mémoire détaillé et signé au conseiller d'Etat chargé de toutes les affaires concernant les cultes, lequel sera tenu de prendre, dans le plus court délai, tous les renseignements convenables, et, sur son rapport, l'affaire sera suivie et définitivement terminée dans la forme administrative, ou renvoyée, selon l'exigence des cas, aux autorités compétentes.

TITRE II. — Des ministres.

Section Ire. — *Dispositions générales.*

Art. 9. — Le culte catholique sera exercé sous la direction des archevêques et évêques dans leurs diocèses, et sous celle des curés dans leurs paroisses.

Art. 10. — Tout privilége portant exemption ou attribution de la juridiction épiscopale est aboli.

Art. 11. — Les archevêques et évêques pourront, avec l'autorisation du gouvernement, établir dans leurs diocèses des chapitres cathédraux et des séminaires. Tous autres établissements ecclésiastiques sont supprimés.

Art. 12. — Il sera libre aux archevêques et évêques d'ajouter à leur nom le titre de *Citoyen* ou celui de *Monsieur*. Toutes autres qualifications sont interdites.

Section II. — *Des archevêques ou métropolitains.*

Art. 13. — Les archevêques consacreront et installeront leurs suffragants. En cas d'empêchements ou de refus de leur part, ils seront suppléés par le plus ancien évêque de l'arrondissement métropolitain.

Art. 14. — Ils veilleront au maintien de la foi et de la discipline dans les diocèses dépendant de leur métropole.

Art. 15. — Ils connaîtront des réclamations et des plaintes portées contre la conduite et les décisions des évêques suffragants.

Section IV. — *Des évêques, des vicaires généraux et des séminaires.*

Art. 16. — On ne pourra être nommé évêque avant l'âge de trente ans, et si l'on n'est originaire Français.

Art. 17. — Avant l'expédition de l'arrêté de nomination, celui ou ceux qui seront proposés seront tenus de rapporter une attestation de bonnes vie et mœurs, expédiée par l'évêque dans le diocèse duquel ils auront exercé les fonctions du ministère ecclésiastique, et ils seront examinés sur leur doctrine par un évêque et deux prêtres qui seront commis par le Premier Consul, lesquels adresseront le résultat de leur examen au conseiller d'Etat chargé de toutes les affaires concernant les cultes.

Art. 18. — Le prêtre nommé par le Premier Consul fera les diligences pour rapporter l'institution du Pape.

Il ne pourra exercer aucune fonction avant que la bulle portant son institution ait reçu l'attache du gouvernement, et qu'il ait prêté en personne le serment prescrit par la convention passée entre le gouvernement français et le Saint-Siège.

Ce serment sera prêté au Premier Consul; il en sera dressé procès-verbal par le secrétaire d'Etat.

Art. 19. — Les évêques nommeront et institueront les curés; néanmoins ils ne manifesteront leur nomination, et ils ne donneront l'institution canonique qu'après que cette nomination aura été agréée par le Premier Consul.

Art. 20. — Ils seront tenus de résider dans leurs diocèses; ils ne pourront en sortir qu'avec la permission du Premier Consul.

Art. 21. — Chaque évêque pourra nommer deux vicaires généraux, et chaque archevêque pourra en nommer trois : ils les choisiront parmi les prêtres ayant les qualités requises pour être évêques.

Art. 22. — Ils visiteront annuellement et en personne une partie de leur diocèse, et, dans l'espace de cinq ans, le diocèse entier.

En cas d'empêchement légitime, la visite sera faite par un vicaire général.

Art. 23. — Les évêques seront chargés de l'organisation de leurs séminaires, et les règlements de cette organisation seront soumis à l'approbation du Premier Consul.

Art. 24. — Ceux qui seront choisis pour l'enseignement dans les séminaires souscriront la déclaration faite par le clergé de France en 1682, et publiée par un édit de la même année : ils se soumettront à y enseigner la doctrine qui y est contenue, et les évêques adresseront une expédition en forme de cette soumission au conseiller d'Etat chargé de toutes les affaires concernant les cultes.

Art. 25. — Les évêques enverront toutes les années, à ce conseiller d'Etat, le nom des personnes qui étudieront dans les séminaires, et qui se destineront à l'état ecclésiastique.

Art. 26. — Ils ne pourront ordonner aucun ecclésiastique, s'il ne justifie d'une propriété produisant au moins un revenu annuel de trois cents francs, s'il n'a atteint l'âge de vingt-cinq ans, et s'il ne réunit les qualités requises par les canons reçus en France.

Les évêques ne feront aucune ordination avant que le nombre des personnes à ordonner ait été soumis au gouvernement et par lui agréé.

Section IV. — *Des curés.*

Art. 27. — Les curés ne pourront entrer en fonctions qu'après avoir prêté, entre les mains du préfet, le serment prescrit par la convention passée entre le gouvernement et le Saint-Siége. Il sera dressé procès-verbal de cette prestation par le secrétaire général de la préfecture, et copie collationnée leur en sera délivrée.

Art. 28. — Ils seront mis en possession par le curé ou le prêtre que l'évêque désignera.

Art. 29. — Ils seront tenus de résider dans leurs paroisses.

Art. 30. — Les curés seront immédiatement soumis aux évêques dans l'exercice de leurs fonctions.

Art. 31. — Les vicaires et desservants exerceront leur ministère sous la surveillance et la direction des curés.

Ils seront approuvés par l'évêque et révocables par lui.

Art. 32. — Aucun étranger ne pourra être employé dans les fonctions du ministère ecclésiastique sans la permission du gouvernement.

Art. 33. — Toute fonction est interdite à tout ecclésiastique, même français, qui n'appartient à aucun diocèse.

Art. 34 — Un prêtre ne pourra quitter son diocèse pour aller desservir dans un autre, sans la permission de son évêque.

Section V. — *Des chapitres cathédraux, et du gouvernement des diocèses pendant la vacance du siège.*

Art. 35. — Les archevêques et évêques qui voudront user de la faculté qui leur est donnée d'établir des chapitres ne pourront le faire sans avoir rapporté l'autorisation du gouvernement, tant pour l'établissement lui-même que pour le nombre et le choix des ecclésiastiques destinés à les former.

Art. 36. — Pendant la vacance des siéges, il sera pourvu par le métropolitain, et, à son défaut, par le plus ancien des évêques suffragants, au gouvernement des diocèses.

Les vicaires généraux de ces diocèses continueront leurs fonctions, même après la mort de l'évêque, jusqu'à son remplacement.

Art. 37. — Les métropolitains, les chapitres cathédraux, seront tenus, sans délai, de donner avis au gouvernement de la vacance des siéges et des mesures qui auront été prises pour le gouvernement des diocèses vacants.

Art. 38. — Les vicaires généraux qui gouverneront pendant la vacance, ainsi que les métropolitains ou capitulaires, ne se permettront aucune innovation dans les usages et coutumes des diocèses.

TITRE III. — DU CULTE.

Art. 39. — Il n'y aura qu'une liturgie et un catéchisme pour toutes les églises catholiques de France.

Art. 40. — Aucun curé ne pourra ordonner des prières publiques extraordinaires dans sa paroisse sans la permission spéciale de l'évêqne.

Art. 41. — Aucune fête, à l'exception du dimanche, ne pourra être établie sans la permission du gouvernement.

Art. 42. — Les ecclésiastiques useront, dans les cérémonies religieuses, des habits et ornements convenables à leur titre : ils ne pourront, dans aucun cas ni sous aucun prétexte, prendre la couleur et les marques distinctives réservées aux évêques.

Art. 43. — Tous les ecclésiastiques seront habillés à la française, et en noir.

Les évêques pourront joindre à ce costume la croix pastorale et les bas violets.

Art. 44. — Les chapelles domestiques, les oratoires particuliers, ne pourront être établis sans une permission expresse du gouvernement, accordée sur la demande de l'évêque.

Art. 45. — Aucune cérémonie religieuse n'aura lieu hors des édifices consacrés au culte catholique, dans les villes où il y a des temples destinés à différents cultes.

Art. 46. — Le même temple ne pourra être consacré qu'à un même culte.

Art. 47. — Il y aura, dans les cathédrales et paroisses, une place distinguée pour les individus catholiques qui remplissent les autorités civiles et militaires.

Art. 48. — L'évêque se concertera avec le préfet pour régler la manière d'appeler les fidèles au service divin par le son des clochés : on ne pourra les sonner pour toute autre cause sans la permission de la police locale.

Art. 49. — Lorsque le gouvernement ordonnera des prières publiques, les évêques se concerteront avec le préfet et le commandant militaire du lieu, pour le jour, l'heure et le mode d'exécution de ces ordonnances.

Art. 50. — Les prédications solennelles appelées *sermons* et celles connues sous le nom de *stations* de l'avent et du carême, ne seront faites que par des prêtres qui en auront obtenu une autorisation spéciale de l'évêque.

Art. 51. — Les curés, aux prônes des messes paroissiales, prieront et feront prier pour la prospérité de la République française et pour les Consuls.

Art. 52. — Ils ne se permettront, dans leurs instructions, aucune inculpation directe ou indirecte, soit contre les personnes, soit contre les autres cultes autorisés dans l'Etat.

Art. 53. — Ils ne feront au prône aucune publication étrangère à l'exercice du culte, si ce n'est celles qui seront ordonnées par le gouvernement.

Art. 54. — Ils ne donneront la bénédiction nuptiale qu'à ceux qui justifieront, en bonne et due forme, avoir contracté mariage devant l'officier civil.

Art. 55. — Les registres tenus par les ministres du culte, n'étant et ne pouvant être relatifs qu'à l'administration des sacrements, ne pourront, dans aucun cas, suppléer les registres ordonnés par la loi pour constater l'état civil des Français.

Art. 56. — Dans tous les actes ecclésiastiques et religieux, on sera obligé de se servir du calendrier d'équinoxe établi par les lois de la République; on désignera les jours par les noms qu'ils avaient dans le calendrier des solstices.

Art. 57. — Le repos des fonctionnaires publics sera fixé au dimanche.

TITRE IV. — DE LA CIRCONSCRIPTION DES ARCHEVÊCHÉS, DES ÉVÊCHÉS ET DES PAROISSES; DES ÉDIFICES DESTINÉS AU CULTE ET DU TRAITEMENT DES MINISTRES.

SECTION Ire. — *De la circonscription des archevêchés et des évêchés.*

Art. 58. — Il y aura en France dix archevêchés ou métropoles et cinquante évêchés.

Art. 59. — La circonscription des métropoles et des diocèses sera faite conformément au tableau ci-joint.

SECTION II. — *De la circonscription des paroisses.*

Art. 60. — Il y aura au moins une paroisse dans chaque justice de paix.

Il sera en outre établi autant de succursales que le besoin pourra l'exiger.

Art. 61. — Chaque évêque, de concert avec le préfet, réglera le nombre et l'étendue de ces succursales. Les plans arrêtés seront soumis au gouvernement et ne pourront être mis à exécution sans son autorisation.

Art. 62. — Aucune partie du territoire français ne pourra être érigée en cure ou en succursale sans l'autorisation expresse du gouvernement.

Art. 63. — Les prêtres desservant les succursales sont nommés par les évêques.

SECTION III. — *Du traitement des ministres.*

Art. 64. — Le traitement des archevêques sera de quinze mille francs.

Art. 65. — Le traitement des évêques sera de dix mille francs.

Art. 66. — Les curés seront distribués en deux classes.

Le traitement des curés de la 1re classe sera porté à quinze cents francs; celui des curés de la 2e classe, à mille francs.

Art. 67. — Les pensions dont ils jouissent en exécution des lois de l'Assemblée constituante seront précomptées sur leur traitement.

Les conseils généraux des grandes communes pourront, sur leurs biens ruraux ou sur leurs octrois, leur accorder une augmentation de traitement, si les circonstances l'exigent.

Art. 68. — Les vicaires et desservants seront choisis parmi les ecclésiastiques pensionnés en exécution des lois de l'Assemblée constituante.

Le montant de ces pensions et le produit des oblations formeront leur traitement.

Art. 69. — Les évêques rédigeront les projets de règlement relatifs aux oblations que les ministres du culte sont autorisés à recevoir pour l'administration des sacrements. Les projets de règlement rédigés par les évêques ne pourront être publiés ni autrement mis à exécution, qu'après avoir été approuvés par le gouvernement.

Art. 70. — Tout ecclésiastique pensionnaire de l'Etat sera privé de sa pension, s'il refuse, sans cause légitime, les fonctions qui pourront lui être confiées.

Art. 71. — Les conseils généraux de département sont autorisés à procurer aux archevêques et évêques un logement convenable.

Art. 72. — Les presbytères et les jardins attenant, non aliénés, seront rendus aux curés et aux desservants des succursales. A défaut de ces presbytères, les conseils généraux des communes sont autorisés à leur procurer un logement et un jardin.

Art. 73. — Les fondations qui ont pour objet l'entretien des ministres et l'exercice du culte ne pourront consister qu'en rentes constituées sur l'Etat : elles seront acceptées par l'évêque diocésain , et ne pourront être exécutées qu'avec l'autorisation du gouvernement.

Art. 74. — Les immeubles autres que les édifices destinés au logement et les jardins attenant ne pourront être affectés à des titres ecclésiastiques, ni possédés par les ministres du culte à raison de leurs fonctions.

SECTION IV. — *Des édifices destinés au culte.*

Art. 75. — Les édifices anciennement destinés au culte catholique actuellement dans les mains de la nation, à raison d'un édifice par cure et par succursale, seront mis à la disposition des évêques par arrêté du préfet du département. Une expédition de ces arrêtés sera adressée au conseiller d'Etat chargé de toutes affaires concernant les cultes.

Art. 76. — Il sera établi des fabriques pour veiller à l'entretien et à la conservation des temples, à l'administration des aumônes.

Art. 77. — Dans les paroisses où il n'y aura point d'édifice disponible pour le culte, l'évêque se concertera avec le préfet pour la désignation d'un édifice convenable.

LES ARTICLES ORGANIQUES

DU DROIT DES GENS, DU DROIT CANONIQUE, DU DROIT CIVIL

§ Ier.

Valeur des Articles organiques au point de vue du Droit des gens.

Il existe dans notre droit français de vieilles armures, émoussées, rongées par la rouille, reléguées depuis long-temps au musée des antiques ; elles en sortent pourtant aux mauvais jours, comme si elles pouvaient être encore de quelque usage. Ce sont les articles organiques, qu'on affecte de nommer les *Lois du Concordat*. Le Premier Consul, leur auteur, s'en servit souvent dans ses entreprises contre l'Eglise. La Restauration, cédant trop facilement aux me-naces d'un libéralisme menteur, eut le tort de les laisser au *Bulletin des Lois*, et la faiblesse de les employer contre le clergé. Le gouvernement de Juillet et le second Empire s'en prévalurent parfois. Mais l'opinion publique prit parti pour les libertés de l'Eglise ; le ridicule s'en mêla ; et ces lois d'nn autre âge tombèrent peu à peu en oubli. On croyait que c'en était fait d'une législation si contraire à nos mœurs actuelles, en contradiction flagrante avec les principes de liberté que professe la société contemporaine. Mais voilà qu'une génération née de la Révolution, élevée en dehors de toute doctrine religieuse, accoutumée à fouler aux pieds les lois et les constitutions, est à peine arrivée au pouvoir qu'elle se pare d'un faux zèle pour l'observa-tion des lois ; et, sous ce titre imposant, elle prétend assigner à l'Eglise un code que celle-ci ne reconnut jamais pour légitime. Les articles organiques, les lois prétendues concordataires, voilà l'armure que l'on va tirer de nos vieux arsenaux pour attaquer l'Eglise, ses évêques, ses prêtres et ses institutions.

Etudions ces fameux articles organiques ; examinons-les dans leur origine et leur esprit ; discutons leur valeur juridique au point de vue du droit des gens, de la discipline ecclésiastique, et même de la législation française ; et nous verrons bientôt s'évanouir ce fantôme de légalité derrière lequel les révolutionnaires voudraient abriter la persécution qu'ils font au catholicisme.

I. — ORIGINE DES ARTICLES ORGANIQUES.

Tout le monde connaît les négociations qui aboutirent au Concordat de 1801. Le cardinal Consalvi, dans ses *Mémoires*, Thiers, dans l'*Histoire du Consulat et de l'Empire*, Artaud de Montor dans l'*Histoire du Pape Pie VII*, M. d'Haussonville dans l'*Eglise romaine et le premier Empire*, et beaucoup d'autres historiens à leur suite, ont retracé jour par jour les incidents qui marquèrent ces célèbres conférences. L'abbé Hébrard, dans un livre spécial intitulé *Les articles organiques devant l'histoire, le droit et la discipline de l'Eglise*, livre que tout jurisconsulte devrait avoir entre les mains, a réuni les documents relatifs à cette question pleine d'actualité et les a savamment discutés.

Les récits de ces écrivains nous font assister à la lutte la plus étrange peut-être qu'offrent les annales de la diplomatie. D'un côté ce sont les hommes de la Révolution, amenés par le sentiment public à renouer les relations avec le pouvoir spirituel, mais luttant afin de retenir le plus possible de la constitution civile du clergé. Ils avaient en main la force matérielle ; ils en usaient peu loyalement pour extorquer du Saint-Siége des concessions impossibles. De l'autre côté se tenaient les défenseurs de l'ancienne foi, désarmés mais forts de leur droit, et travaillant à reconquérir les légitimes libertés de l'Eglise et la publicité du culte catholique. Aux questions purement spirituelles venaient se mêler les intérêts temporels et pécuniaires, sur lesquels l'Eglise avait un droit de faire de nombreuses revendications ; mais le Saint-Siége sut faire d'immenses sacrifices ; son ambition se bornait à obtenir dans la plus large mesure l'abrogation des lois révolutionnaires et l'entière liberté pour travailler efficacement à sauver les âmes.

Le gouvernement de la République voulait bien accorder à l'Eglise liberté et publicité du culte ; c'était l'objet du premier article, mais il introduisait dès le début même du Concordat une restriction qui réduisait à néant cette concession. Il stipulait que le culte serait exercé selon les lois canoniques, mais il ajoutait la condition de se conformer *aux règlements de police*. Ces mots cachaient un piége :

Napoléon voulait, et la suite le prouva, se réserver à l'aide de cette formule le droit ou le prétexte de régler à son gré la discipline de l'Eglise. C'était le gouvernement spirituel livré à la discrétion du pouvoir civil. L'ancienne monarchie, même dans les plus mauvais jours du gallicanisme, n'avait pas poussé si loin ce que les légistes appelaient les droits de la couronne. Le cardinal Consalvi rejeta cette clause. Il réclamait purement et simplement pour l'Eglise la liberté et la publicité du culte; mais ses efforts échouèrent contre l'obstination du Premier Consul. N'espérant pas vaincre ces résistances, il demanda que la clause du gouvernement français fût modifiée et restreinte aux seuls règlements de police *jugés nécessaires par le gouvernement pour maintenir la tranquillité publique*. La nouvelle rédaction ne livrait pas à l'arbitraire du pouvoir séculier la publicité et la liberté du culte catholique; elle limitait son intervention au cas où la tranquillité publique serait en cause; ce qui n'autorisait pas un gouvernement honnête à s'attribuer la toute-puissance sur le culte extérieur. Consalvi ne se dissimulait pas sans doute l'abus qu'un despote pourrait encore faire de cette restriction; mais du moins il ne rendait pas le Saint-Siége complice des empiétements dont pourrait se rendre coupable le prince temporel.

Ce changement accepté, il ne restait plus qu'à signer le Concordat, ce qui eut lieu le 26 messidor an IX (15 juillet 1801). Le Souverain Pontife le ratifia par une bulle du 15 août suivant; et, le 10 septembre de la même année, les représentants des deux pouvoirs faisaient, à Paris l'échange des ratifications. Il fallait promulguer la convention et l'exécuter.

Le Saint-Siége, fidèle à ses engagements, s'était hâté d'envoyer en France un légat *a latere*, avec d'amples pouvoirs pour régler les points laissés indéterminés dans le Concordat et aplanir les difficultés qui devaient surgir dans son application. Par condescendance envers le Premier Consul, il avait confié ces importantes fonctions au cardinal Caprara, archevêque de Milan, homme conciliant, peut-être jusqu'à la faiblesse, et désigné par Napoléon lui-même. Que manquait-il pour que le gouvernement français exécutât de son côté cette importante convention?

On attendait donc d'un jour à l'autre, à Rome, la nouvelle de la promulgation. Et pourtant huit mois s'écoulèrent sans qu'on entendît parler de rien.

Enfin, le 18 germinal an X (8 avril 1802), une loi était votée par le Corps législatif, sous ce titre général: *Lois relatives à l'organisation des cultes*. Elle se divisait en trois parties: *Convention entre le gouvernement français et Sa*

Sainteté Pie VII ; articles organiques de la convention du 26 messidor an IX *; articles organiques des cultes protestants.*

Ainsi, la République française ne faisait pas au Concordat l'honneur d'une publication spéciale. Il paraissait traînant après lui non-seulement un règlement de police pour le culte catholique, mais toute une législation relative aux sectes hérétiques. Le Premier Consul comprit-il l'inconvenance de ce procédé ?

Jamais Louis XIV, au plus fort de ses démêlés avec Innocent XI, n'avait poussé jusque-là l'oubli des égards dus au Vicaire de Jésus-Christ. Le nouveau pouvoir faisait pour la première fois profession publique de cet indifférentisme qui place au même rang toutes les confessions religieuses. Faut-il s'étonner que Pie VII ait vivement ressenti ces procédés dont la brutalité contrastait si fort avec la délicatesse que, de son côté, il apportait dans ses relations avec la France ? Consalvi raconte, dans ses *Mémoires*, combien le doux Pontife en fut affecté. Car, lors même que les articles organiques n'eussent pas été contraires aux droits et aux lois de l'Eglise, ce mode de publication était par lui-même une grossière injure adressée au Pasteur suprême de l'Eglise.

On a plaidé pour Napoléon les circonstances atténuantes. Sans ces concessions à l'esprit d'incrédulité qui régnait autour de lui, il n'aurait pu, assure-t-on, faire accepter la transaction avec le Siége apostolique. Nous souhaitons que cette raison ait été de quelque poids au tribuual de Dieu !

II. — But des articles organiques. — Leur distinction d'avec le Concordat.

Le Concordat n'était pas la définition complète des relations qui devaient désormais exister entre l'Eglise et le gouvernement français. Tenant compte des conditions nouvelles de la société, le Saint-Père consentait à modifier en des points importants le droit commun des Eglises. De son côté, le gouvernement de la République avait fait certaines promesses et pris des engagements vis-à-vis du Pontife. Mais la convention traçait seulement les lignes générales. Pour l'application, il fallait préciser jusqu'aux moindres détails. Le texte même du Concordat demandait ces règles pratiques : circonscription nouvelle des diocèses, et par suite renouvellement complet de l'épiscopat en France ; délimitation des paroisses ; restitutions des édifices sacrés ; traitement du clergé ; droit de fondation en faveur de l'Eglise ; règlement de police pour le maintien de la tranquillité dans

l'exercice public du culte ; autant de points fixés en principe, mais dont l'application exigeait tout un règlement
pratique. Des lois organiques, ajoutées au texte du Concordat, étaient donc indispensables. Mais ces lois, le pouvoir
civil était-il en droit de les faire sans la participation de
l'autorité ecclésiastique ?

Laissons pour le moment cette question. Constatons
seulement un point de très haute importance : c'est la
distinction radicale entre le Concordat et les articles organiques, que les ennemis de l'Eglise affectent toujours
de confondre. Cette distinction ressort d'abord des titres
donnés à ces deux parties de la loi du 18 germinal. L'une
est appelée *Convention entre le gouvernement français et
Sa Sainteté Pie VII ;* l'autre, *articles organiques de la Convention du 26 Messidor an* IX.

Elle suit en second lieu de la différence d'origine. Le
Concordat, traité ou convention, émanait de deux pouvoirs, il était le résultat d'un accord mutuel ; les articles
organiques, au contraire, sont l'œuvre exclusive de la
puissance temporelle.

Aussi, cette distinction a-t-elle été reconnue et pro-
clamée plusieurs fois par le gouvernement français. « Le
Concordat, disait Portalis dans une note officielle adressée
au cardinal légat, est un *traité ;* les articles organiques
sont une *loi d'exécution.* Il est impossible de confondre
des objets qui ne se ressemblent pas. » Le ministre des
affaires étrangères, Talleyrand, ne s'exprimait pas autrement. Dans un mémoire présenté à l'Empereur à l'occasion
des difficultés que soulevait le Saint-Siége contre le serment du sacre, il disait : « Les stipulations des deux puis-
» sances sont des lois que les publicistes appellent *lois de
» la lettre ;* les articles organiques sont des lois d'une autre
» nature. Le prince ne peut pas jurer de les faire observer
» parce qu'elles peuvent être changées. » A ces témoignages ajoutons celui du cardinal Fesch, envoyé en am-
bassade auprès du Saint-Père pour négocier l'affaire du
sacre : « Les lois du Concordat, qu'on jure de respecter
et de faire respecter, ne sont que les dix-sept articles du
Concordat... Sous ce titre : *Lois du Concordat,* il n'y a
rien qui désigne les lois organiques, parce que celles-ci ne
sont pas comprises dans le Concordat, et qu'on ne peut
pas appeler du nom d'un sénatus-consulte quelconque les
règlements ou les lois que l'on fait pour organiser ce
même sénatus-consulte. »

Rien de plus évident que la distinction entre le Concordat
et les articles organiques. Par quelle mauvaise foi, ou
par quelle ignorance s'obstine-t-on, dans la presse, dans
les assemblées législatives, et même dans les régions du

B

pouvoir, à comprendre sous le nom de Concordat les articles organiques?

La confusion, malheureusement, ne date pas de nos jours; la responsabilité en remonte aux auteurs mêmes des organiques. Car si, devant le Pape, Napoléon et ses agents assuraient que les lois du Concordat ne comprenaient pas lesdits articles, devant les assemblées législatives, au contraire, ils affectèrent de confondre le traité diplomatique avec le règlement émané du seul gouvernement français; et même dans la proclamation qui accompagnait la promulgation de la loi du 18 germinal, Napoléon cherchait à tromper le peuple en présentant comme un seul tout deux objets si différents.

Tous ces mensonges officiels ne détruisent pas la vérité des faits; de vaines et coupables subtilités n'ont pas donné aux articles organiques le caractère d'un acte concordataire. Ni le Pape, ni les évêques, ni le clergé ne manquent donc au Concordat quand ils rejettent comme étrangères et comme contraires au traité ecclésiastique les lois qu'y ajouta de sa seule autorité la puissance séculière; et l'incrédulité armée contre le cléricalisme cessera d'abriter ses agressions sous le titre auguste du Concordat le jour où elle voudra déclarer une guerre loyale, si l'on peut parler ainsi, à l'Eglise en vertu des articles organiques.

III. — Caractère des articles organiques.

Les articles organiques marquent le dernier terme des envahissements du pouvoir temporel sur le spirituel en deça du schisme. C'est tout un code de discipline imposé par l'Etat à l'Eglise et à ses ministres.

Napoléon aimait à poser comme le successeur de Charlemagne et l'héritier de l'ancienne monarchie. Les capitulaires du premier contenaient un grand nombre de lois concernant la discipline de l'Eglise; le recueil des ordonnances royales offre également une riche collection de lois ecclésiastiques. Le Premier Consul se crut en droit, comme ses prédécesseurs, de régler les affaires spirituelles. Mais il changea les rôles. Les rois d'autrefois se disaient les serviteurs, les fils de l'Eglise; lui s'en fit le souverain. Voyons combien sa conduite fut différente de celle de ces pieux monarques.

Constantin, Charlemagne, saint Louis, voilà les vrais types du prince chrétien. Par leur zèle, la société s'imprégna profondément de l'esprit de l'Evangile, et l'Eglise s'unit étroitement à l'Etat. Pour opérer cette union, il fallait, dans la législation civile, donner une place importante aux canons ecclésiastiques. C'est ainsi que, passant des actes des Conciles dans les codes de l'empire et du royaume, les décrets du pouvoir spirituel étaient fidèlement exécutés sous la protection du glaive temporel. Mais ces religieux monarques ne se posaient pas en législateurs de l'Eglise ; ils recevaient d'elle les lois et se bornaient à les faire exécuter dans leurs Etats. Constantin avait caractérisé le rôle de la royauté chrétienne par un de ces mots heureux qui restent dans l'histoire, il s'appelait l'*évêque du dehors*.

Malheureusement, l'évêque du dehors entra un jour dans l'intérieur du sanctuaire. A la faveur des troubles occasionnés par le grand schisme d'Occident et continués par le Concile de Bâle, grâce à la pragmatique sanction criminellement décrétée par l'Assemblée de Bourges, nos rois s'accoutumèrent à régler, par ordonnances royales, les affaires de l'Eglise. En le faisant, ils prétendaient remplir une magistrature spirituelle, celle de défenseurs des canons et de protecteurs de l'Eglise. Mais leur protectorat ressemblait trop à celui qu'exercent parfois de puissants potentats sur de faibles voisins ; domination déguisée sous un titre bienveillant. Et pourtant, dans cette usurpation, il y avait encore une reconnaissance des droits de l'Eglise et de son indépendance, puisque ce prétendu droit reposait sur un titre chrétien. De plus, les rois apportaient encore quelque modération dans l'exercice de ce pouvoir. Leurs ordonnances, rédigées par d'habiles canonistes, se conformaient aux canons ecclésiastiques, à ceux du moins qui formaient le droit des églises gallicanes.

Avec la Révolution s'éteint la tradition chrétienne. En vain Napoléon, par l'organe de son ministre Portalis, réclame le titre de protecteur de l'Eglise et des canons. Personne, pas même lui, ne prit au sérieux cette fonction toute spirituelle. La Révolution avait proclamé le principe de la liberté des cultes ; plus de religion d'Etat. Le pouvoir séculier est un étranger vis-à-vis de l'Eglise. Il protégera la religion comme toute autre institution honnête ; mais ne tenant plus compte de ses lois, il n'a pas à intervenir dans les prescriptions des Papes et des Conciles. Tel était le rôle qu'au sortir de la Révolution la logique imposait à un pouvoir indifférentiste.

Mais le Premier Consul ne l'accepta pas. Il redoutait l'indépendance de l'Eglise et l'influence qu'elle devait exercer sur les populations. Il prit donc la position d'un prince tout-puissant, dont la souveraineté s'étendrait sur l'Eglise aussi bien que sur les autres institutions publiques. Le monarque chrétien n'était plus là, le glaive au poing, pour arrêter les violateurs des canons. Il y avait, à sa place, un prince séculier administrant en vertu du seul pouvoir royal le département du culte catholique comme toute autre branche du service public. De là le caractère des articles organiques.

Peu au courant des coutumes et des lois de l'Eglise, conseillé par d'anciens parlementaires imbus des maximes gallicanes, quand ils n'allaient pas jusqu'au jansénisme, par des juristes idolâtres de l'Etat, Bonaparte crut pouvoir traiter en maître les affaires de la religion. En quelques mois, au milieu du tumulte des fêtes et du bruit des armes, il bacla une Constitution ecclésiastique avec la même précipitation que Siéyès avait fabriqué sa Constitution de l'an VIII. Par cette œuvre hâtive, incohérente, il croyait remplacer l'admirable discipline à l'élaboration de laquelle l'Eglise avait dépensé des trésors d'expérience, de science et de sagesse.

Mais, en asservissant l'Eglise, l'auteur des Organiques l'avait-il dédommagée, et lui faisait-il une position large et honorable, telle qu'il la faisait à ses compagnons d'armes, aux officiers de sa cour? Personne n'ignore avec quelle parcimonie il dota le clergé. En retour des grands biens dont la Révolution l'avait dépouillé, il lui octroya à peine le suffisant pour ne pas mourir de faim. Mais l'Église ne regretta pas son ancienne opulence et ne compta pas avec les détenteurs de ses domaines. Son ambition était de pouvoir se développer à l'aise au sein de la pauvreté et de travailler sans entrave au salut du monde. Et cette consolation lui fut refusée. S'il voulait relever la religion, le Premier Consul redoutait l'influence qu'elle pouvait prendre sur les peuples. C'est pourquoi, non content de l'asservir autant qu'elle puisse l'être en ce monde, il mit toute son habileté à empêcher son développement.

Pas de séminaires, pas de chapitres de cathédrale, à moins que l'évêque n'en fît lui-même les frais; le nombre des prêtres et des aspirants au sacerdoce compté selon la stricte nécessité; pas de conciles provinciaux ou de synodes sans l'agrément du pouvoir civil; pas de propriété territoriale; en un mot, une savante combinaison pour laisser une ombre de vie à l'Eglise, tout en l'empêchant de recouvrer cette abondance de force sans laquelle la vie n'est qu'une longue agonie. Le Premier Consul la traitait comme un ennemi qu'il faut affaiblir quand on ne peut l'exterminer entièrement.

Voilà le Charlemagne du XIXe siècle! Les articles organiques étaient ses capitulaires. Mais quelle est la valeur juridique des lois organiques? Examinons cette question au triple point de vue de la diplomatie, de la discipline de l'Eglise et de la législation française.

IV. — LES ARTICLES ORGANIQUES JUGÉS D'APRÈS LES PRINCIPES DU DROIT DES GENS.

S'il est un principe incontestable en diplomatie, c'est que non-seulement la lettre d'une convention, mais les dispositifs de son exécution doivent être réglés d'un commun accord entre les parties contractantes. Après le malheureux traité de 1871, si la Prusse, abusant de sa victoire, eût fixé par un décret émanant d'elle seule les nouvelles frontières, le mode de paiement des cinq milliards ou la durée de l'occupation du territoire français, la France n'aurait-elle pas protesté justement contre la violation du droit des gens, et réservé pour des jours plus heureux la revanche contre une si flagrante injustice ?

Appliquons ces règles aux relations du Siége apostolique avec le gouvernement de la République française. Il y avait eu traité de puissance à puissance ; le Concordat était une vraie convention, fondée sur la volonté de l'une et l'autre partie. Inutile d'insister sur ce point ; il est de toute évidence. Or, les articles organiques étaient, au dire de Talleyrand, du cardinal Fesch, de Portalis, des lois d'exécution. Donc, d'après tous les principes de l'équité, ils étaient sans valeur juridique, à moins d'être consentis de part et d'autre ; et cette condition était encore plus indispensable si les lois d'exécution se trouvaient sur plusieurs points essentiels en contradiction avec le texte du traité.

Or, les articles organiques ont été faits par une seule des parties contractantes, à l'insu de l'autre : loin d'avoir été jamais acceptés par le Saint-Siége, ils n'ont cessé d'être l'objet de ses plus vives protestations ; enfin ils sont, en plusieurs points essentiels, contraires au texte du Concordat.

D'abord, le gouvernement pontifical n'est intervenu en rien dans la rédaction et la promulgation des articles organiques. Le cardinal Consalvi assure, dans ses *Mémoires*, qu'il ne fut jamais fait mention de ces lois, ni durant la négociation du Concordat, ni longtemps après. (*Mémoire* 8, 1, p. 398). Quelques pages plus haut, racontant les délais apportés à la publication du Concordat, il dit : « On ne comprenait pas les raisons de ce mystérieux retard ; mais on en eut bientôt la clef, quand à Pâques de l'année suivante on vit apparaître un grand volume portant pour titre : *Concordat*. La première et la seconde page contenaient seules le véritable texte du traité en dix-sept articles, si j'ai bonne mémoire. Les lois organiques fabriquées par le gouvernement français remplissaient tout le volume. Pour persuader aux lecteurs superficiels et vulgaires que ces articles organiques avaient été acceptés par le Pape, on les avait frauduleusement placés sous le titre et sous la date du Concordat ; et cependant ils étaient postérieurs au moins d'un an à ·ce traité. Il n'y eut qu'une chose qu'on ne se permit pas, ce fut d'apposer sous ces articles, que nous ne connaissions pas, nos noms qui se lisaient au bas du véritable Concordat. » (*Mémoires* 8, 1, p. 385).

Les articles organiques ne furent donc pas discutés dans les négociations du Concordat. Ils ne furent pas communiqués au Saint-Père avant leur promulgation, d'après le témoignage répété du Souverain Pontife lui-même :

« Nous avons remarqué qu'avec notre susdite convention ont été promulgués quelques articles à nous inconnus. (*Animadvertimus una cum præfata conventione nostra nonnullos alios articulos ignotos nobis promulgatos esse*). » Ainsi s'exprimait Pie VII, dans son allocution du 24 mai 1802 ; il répétait la même chose dans la bulle d'excommunication du 10 juin 1809.

Le 12 mai 1802, le cardinal Consalvi, secrétaire d'Etat, écrivait au cardinal Caprara, légat du Saint-Siége : « On » examine le nouvel établissement du catholicisme en » France sous les lois organiques. Il est reconnu que ces » lois n'ont pas été faites d'accord et avec la participation » du Saint-Siége. » De son côté, le ministre de France à Rome, dans une dépêche du même jour (12 mai 1802), écrivait à Portalis : « Il (le Pape), m'a parlé des articles » organiques. Il est très affecté de voir que leur publi- » tion, coïncidant avec celle du Concordat, a fait croire » au public que Rome avait concouru à ce même travail. »

Le cardinal Caprara, dans la note adressée au ministre des affaires étrangères de France, revient sur ce même sujet : « La qualification qu'on donne à ces articles paraî- » trait d'abord supposer qu'ils ne sont que la suite natu- » relle et l'explication du Concordat religieux. Cependant, » il est de fait qu'ils n'ont pas été concertés avec le Saint- » Siége, qu'ils ont une extension plus grande que le Con- » cordat, et qu'ils établissent en France un Code ecclé- » siastique sans le concours du Saint-Siége. Comment Sa » Sainteté pourrait-elle l'admettre, n'ayant pas été invitée » à l'examiner ? »

Pie VII attachait une importance particulière à démontrer qu'il n'était pour rien dans la publication des articles organiques. Même après la chute de l'Empire, dans le Concordat de 1817, dont l'exécution fut empêchée par les oppositions du libéralisme, il tenait à faire connaître au monde que ces articles étaient l'œuvre exclusive de Napoléon. L'article 3 de la nouvelle convention portait : « Les articles dits organiques, qui furent faits à l'insu de Sa Sainteté et publiés sans son aveu le 8 avril 1802, en même temps que ledit Concordat du 15 juillet 1801, sont abrogés. »

Donc, s'il est une vérité historique hors de doute, c'est que les articles organiques ont été faits sans la participation du Saint-Siége. Il est vrai que communication en avait été donnée au cardinal Caprara, le 30 mars 1802, huit ou dix jours avant leur promulgation. Celui-ci en écrivit au Cardinal, secrétaire d'Etat ; sa dépêche est du 4 avril. Mais tout se bornait à ces quelques paroles vagues : « Il ne m'est guère possible d'en donner plus qu'une légère idée. Ce qui m'en semble c'est que ce système repose sur deux bases : sur les principes français et sur les maximes communes aux souverains actuels en pareille matière. » Le Cardinal ajoute : « Pendant la lecture, je me permis de » faire diverses observations sur certains objets ; le Pre- » mier Consul ne fit pas de difficulté de supprimer les uns » et de corriger les autres. » Voilà toute la part qu'eut le légat du Siége Apostolique à la rédaction des Organiques, et toute la connaissance qu'en eut le Pontife Romain. Il est donc rigoureusement vrai qu'ils furent rédigés, votés et promulgués sans le concours du Pape et à son insu.

Mais le Concordat lui-même ne donnait-il pas pouvoir au Premier Consul de porter des règlements d'exécution ? Le premier paragraphe porte que le culte catholique « sera public en se conformant aux règlements de police que le gouvernement jugera nécessaire pour la tranquillité publique. » Le Pape reconnaissait donc au pouvoir séculier le droit de porter des règlements relatifs à la police ; or, les articles organiques ne sont autre chose que ces règlements jugés nécessaires par l'Etat.

Tel est le premier argument qu'allèguent en faveur des Organiques ceux qui ont entrepris d'en prouver la légitimité. C'est celui que faisait valoir avant tout les autres le président Bonjean dans son discours au Sénat le 15 mars 1865, quelques mois après la publication de l'encyclique *Quanta cura* et du *Syllabus*. On se rappelle que le gouvernement, se fondant sur les articles organiques, s'était permis de supprimer la partie doctrinale de l'encyclique et tout le *Syllabus*. On vit alors liberté complète laissée aux journaux de publier les enseignements pontificaux, de les commenter, et même d'en fausser le sens ; et seuls, les évêques avaient défense, au nom de la loi, de les porter à la connaissance des fidèles et d'en rétablir la véritable interprétation. Les prélats qui siégeaient au Sénat, profitant de la discussion de l'adresse et du paragraphe relatif aux affaires religieuses, protestèrent contre l'usage qu'on venait de faire de ces règlements anticanoniques ; ils répétèrent ce que l'on disait depuis plus d'un demi-siècle, qu'ils étaient nuls aux yeux de l'Eglise et contraires à tous ses droits. Le président Bonjean assuma la rude tâche de défendre l'œuvre du Premier Consul. On l'entendit s'écrier au sein de la haute Assemblée : « Eh bien ! j'ajoute, moi, que les articles organiques ont été acceptés trois fois en quatre ans. Ils ont été acceptés une première fois par la clause insérée dans l'article 1er du Concordat, qui réserve au gouvernement français le droit de faire tous les règlements nécessaires à la tranquillité publique. »

Ainsi, d'après l'orateur du Sénat, le Pape, en approuvant ce premier article, aurait donné un blanc seing au gouvernement français, et souscrit d'avance toutes les lois qu'il plairait au Premier Consul d'imposer à l'Eglise ; et, sous ce titre vague : *Les règlements nécessaires pour la tranquillité publique*, il aurait livré à la discrétion du pouvoir séculier toute la discipline intérieure de l'Eglise !

Malheureusement pour le sénateur gallican, les faits, le texte lui-même, protestent contre son interprétation. Qui croira, par exemple, que, de nos jours, la tranquillité publique soit en cause, parce que les bulles du Souverain Pontife, publiées par tous les journaux, seront lues publiquement en chaire; ou que le nonce du Saint-Siége aura fait quelque acte de juridiction spirituelle ; ou qu'un évêque nouvellement élu aura reçu la consécration épiscopale d'un autre que de son métropolitain ; ou que ce même évêque souffrira qu'on l'appelle *Monseigneur* et non *Citoyen*? La tranquillité publique est-elle bien intéressée à ce que, pendant la vacance des siéges, le diocèse soit administré par un vicaire du chapitre, ou par un prêtre que nommera le métropolitain ? Y a-t-il danger d'émeute si les professeurs des séminaires n'enseignent pas les quatre articles de 1682 ? Napoléon a forcé évidemment la portée du premier paragraphe du Concordat en l'étendant comme il l'a fait, et en se croyant autorisé à publier tout un code ecclésiastique sous prétexte de règlement de police.

Si le texte du Concordat se refuse à cette large interprétation, les faits s'y prêtent encore moins. Il est certain, nous en avons pour garant le cardinal Consalvi, le négociateur du Concordat, que la clause en question fut entendue tout autrement par les plénipotentiaires français eux-mêmes. Dans le projet primitif il était dit simplement : *Le culte sera public en se conformant aux règlements de police*. Ces mots cachaient un piége; *police* est une expression élastique, sous laquelle on peut comprendre toute la discipline ecclésiastique. L'habile Cardinal ne s'y laissa pas prendre : il demanda la suppression de cette formule;

vains efforts. La lutte dura plusieurs jours. Ne pouvant obtenir la suppression demandée, il exigea une rédaction plus explicite, renfermant en certaines limites le pouvoir accordé au gouvernement français. « Depuis plusieurs années, dit-il dans ses *Mémoires*, les légistes des rois nous avaient trop bien fait connaître leurs prétentions sur l'hypothétique droit du prince à réglementer le culte extérieur, auquel on attribuait ensuite tant d'extension dans la pratique, que l'Eglise ne se trouvait délivrée en presque rien, ou même en rien du tout de la juridiction laïque. Je devais donc, par expérience, appréhender souverainement cet indéfini et si élastique *en se conformant*. Par toute espèce de motifs, il fallait craindre qu'en vertu d'une telle convention signée par le Saint-Siége, la police, ou plutôt le gouvernement, ne se mêlât de tout, ne soumît tout à sa discrétion et à sa volonté, sans que l'Eglise pût jamais réclamer, toujours par suite de la stipulation *en se conformant*. Voilà pourquoi j'avais refusé invinciblement cet article. En même temps il assujettissait l'Eglise de fait et blessait le principe par sa seule acceptation. Je m'étais donc toujours opposé, même fallût-il rompre, comme je l'ai raconté, à admettre cette restriction...

» Je ne voulais pas autoriser, par un assentiment formel du Saint-Siége, l'esclavage de l'Eglise dans cette obligation de devoir se conformer aux règlements de police. Ils (les commissaires français) assuraient que je donnais une interprétation trop large à ces paroles, comme si elles entraînaient avec elles une dépendance absolue de l'Eglise à l'administration laïque. Ils répétaient que c'était entièrement faux et que le gouvernement n'avait nullement cette prétention; que je ne comprenais pas le vrai sens du mot *police*, ce qui, selon eux, était la cause de mon erreur et de ma résistance inopportune. La *police*, assuraient-ils, n'est pas le gouvernement en soi, mais cette unique partie de l'exercice du pouvoir gouvernemental qui se rapporte au maintien de la tranquillité publique. La tranquillité publique serait certainement menacée en France si, après la liberté, les innovations, l'égalité des droits introduits par la Révolution, et, après les immenses changements opérés dans les usages et coutumes, on permettait en tout lieu de faire toutes sortes de pratiques du culte...

» Je répondis à ces objections des commissaires, que bien qu'ils dissent vrai, en grande partie, sinon en tout, l'article néanmoins dans sa teneur n'offrait aucune restriction ni des objets, ni des temps, et que, par là, dans l'extension de cette restriction qu'on mettait à la publicité du culte pour les raisons alléguées, on établissait une restriction de si mauvaise nature, de tant d'importance, d'un si réel préjudice, que je ne devais pas absolument l'admettre, à moins qu'une restriction pour ainsi dire de la restriction elle-même ne la fît innocente, juste et par conséquent admissible.

La restriction proposée par le cardinal, celle qui fut définitivement adoptée, limite donc *les règlements de police à ceux que le gouvernement jugera nécessaires pour la tranquillité publique*. Mais, disaient les négociateurs français, cette détermination était renfermée dans le mot de *police*, c'était introduire une répétition inutile. Consalvi répliquait : « J'y trouve (à l'introduction de ces derniers mots) une très grande utilité : c'est qu'en restreignant clairement et par des paroles expresses l'obligation de conformer la publicité du culte aux règlements de police, on exclut tout le reste par cela même ; car *inclusio unius est exclusio alterius*, c'est qu'on n'assujettit pas l'Eglise aux volontés du pouvoir laïque, et qu'on ne blesse pas le principe en ne faisant signer dans ce cas par le Pape que ce qui ne peut pas ne pas être, parce que *necessitas non habet legem*. » (*Mémoires*, t. I, p. 396 et suivantes.)

Rien de plus précis que ces explications : le Pape n'accorde en ce point aucun privilége particulier au gouvernement de France ; il lui reconnaîtra seulement le droit naturel que possède tout souverain, de ne pas permettre une cérémonie publique si, par suite de circonstances malheureuses, elle devait être une occasion de troubles. Mais de ce pouvoir que le Saint-Siége ne niait pas, à celui de réglementer la discipline de l'Eglise en ses points les plus importants, comme l'a fait l'auteur des Organiques, il y a un abîme. Par quelle aberration de jugement ses apologistes ont-ils cherché à justifier sa conduite par le premier article du Concordat ?

— Mais, disent-ils, si le Pape n'a pas concouru à la promulgation des articles organiques, il les a acceptés, sinon formellement, au moins par son silence ; car d'abord il a protesté faiblement et plutôt pour la forme que par une volonté bien sérieuse ; il a protesté non contre l'ensemble de la loi, mais contre quelques articles particuliers ; enfin, il a permis que Napoléon, dans la cérémonie du sacre, s'obligeât par serment à observer et à faire observer les lois du Concordat.

« Les lois, remarquez-le, et non pas la loi du Concordat » s'écriait triomphalement le sénateur Bonjean, Les arguments qui précèdent, sont aussi de lui, et c'est là qu'il a découvert une seconde et troisième acceptation, au moins tacite, des lois organiques. Mais ce fragile échafaudage croule sous les témoignages de l'histoire. Pie VII, il est vrai, ne fit pas entendre de protestations menaçantes,

comme en des temps plus chrétiens les faisaient entendre
Innocent III ou saint Grégoire VII. Il connaissait trop le
tempérament de Napoléon pour exposer la France à un
nouveau schisme, par la condamnation explicite, solennelle
de son œuvre législative. Mais la nécessité de ménager
l'irascible Consul n'enchaîna pas sa parole apostolique.
Non-seulement il n'accepta jamais les articles organiques,
mais il ne cessa, jusqu'à la fin de son pontificat, de protester
contre leur introduction frauduleuse dans l'acte concordataire. Il protesta une première fois au sein du collége des
cardinaux, dans l'allocution du 24 mai 1802, peu de jours
après qu'on eût connaissance, à Rome, de la loi du 18 germinal. Le Pape parla avec infiniment de mansuétude, mais
avec une énergie digne des anciens pontifes. Car, après les
plaintes sur l'addition faite au Concordat d'articles qui lui
étaient inconnus, il ajoute « marchant sur les traces de nos
prédécesseurs, nous ne pouvons pas ne pas demander
qu'on leur fasse subir des modifications et des changements
opportuns et nécessaires. Le gouvernement français dans
le rétablissement de la religion catholique, dont il reconnaît
la sainteté et l'utilité, ne peut pas ne pas vouloir que ce
qui est demandé par la constitution très sainte de la religion
restaurée soit exécutée, et que tout se fasse en pleine conformité avec la discipline salutaire établie par les lois de
l'Eglise. » Pie VII pouvait-il, sans briser les vitres, dire plus
clairement qu'il improuvait ces articles ? Ne les avait-il pas
assez stigmatisés en les repoussant comme contraires à la
constitution et à la discipline de l'Eglise ?

C'était là, s'il en fut jamais, une protestation en règle.
Ainsi le comprirent les contemporains. Ecoutons le confi-
dent de Pie VII, l'habile secrétaire d'Etat, Consalvi : « Le
Saint-Père s'empressa de *protester*, afin de montrer très
expressément qu'il *flétrissait* ces lois organiques et qu'il
ne voulait pas même leur laisser l'apparence d'avoir été
approuvées par le Concordat. Le Pape fit imprimer et ré-
pandre en tout lieu son allocution après avoir *flétri* les
articles organiques du *titre de décret contraire aux lois
ecclésiastiques ;* il espérait amoindrir le préjudice que ces
décrets devaient causer, et témoigner ainsi la désapproba-
tion du Saint-Siége. » (*Mémoires*, t. I, p. 430.)

Napoléon ne se méprit pas sur la portée des paroles du
Souverain Pontife. « Il essaya avec habileté, dit encore le
cardinal Consalvi, d'affaiblir, en face du public, la qualification dont le Pape les avait frappées (les lois organiques)
dans son allocution consistoriale. Quand Bonaparte la fit
imprimer au *Moniteur*, il y ajouta une note par laquelle on
affirmait qu'il ne fallait pas s'étonner d'entendre la Cour
romaine réclamer, en cette occasion, contre les libertés

gallicanes, puisque le Saint-Siége réclamait depuis tant d'années. » (*Mémoires*, t. i, p. 431.)

Le Saint-Père ne se contenta pas de la première répro- bation prononcée en consistoire. Il en écrivit lui-même à Napoléon, comme on le voit par la dépêche du cardinal Consalvi (13 janvier 1803) ; il s'en plaignit au ministre de France Cacault, qui se hâta d'informer Talleyrand, ministre des affaires étrangères (12 mai 1802). Vinrent ensuite les protestations par voie diplomatique. Le cardinal secrétaire d'Etat remettait, par ordre du Pape, une note au ministre de France, dans laquelle nous lisons : « Ces articles orga- niques sont représentés comme la forme et la condition du rétablissement de la religion catholique en France. Cepen- dant, plusieurs de ces articles s'étant trouvés, aux yeux du Saint-Père, en *opposition avec les règles de l'Eglise*, Sa Sainteté ne peut, à cause de son ministère, ne pas désirer qu'ils reçoivent les modifications convenables et les chan- gements nécessaires. »

Sourd aux instances du Pontife Romain, Bonaparte main- tenait sa loi. Le cardinal Caprara eut ordre à son tour de présenter les protestations et les remarques du Siége Apos- tolique. Sa note diplomatique, adressée à Talleyrand, est datée du 18 août 1803. Elle commence par une observation générale contre l'illégalité des articles organiques : « Ce Code a pour objet la doctrine, les mœurs, la discipline du clergé, les droits et les devoirs des évêques, ceux des mi- nistres inférieurs, leurs relations avec le Saint-Siége et le mode d'exercice de leur juridiction. Or, tout cela tient aux droits imprescriptibles de l'Eglise. » Le Cardinal fait ensuite appel à l'ancien conseil du roi et aux jurisconsultes les plus en renom parmi les gallicans, puis il ajoute : « Sa Sainteté n'a donc pu voir qu'avec une extrême douleur qu'en négli- geant de suivre ces principes, la puissance civile ait voulu régler, décider, transformer en lois des articles qui inté- ressent essentiellement les mœurs, la discipline, les droits, l'instruction et la juridiction ecclésiastique. N'est-il pas à craindre que cette innovation n'engendre la défiance, qu'elle ne fasse croire que l'Eglise de France est asservie, même dans les objets purement spirituels, au pouvoir temporel? »

Vient ensuite la critique détaillée des principaux articles. En lisant ce document, dira-t-on encore avec le vicomte Portalis, avec M. Dupin et le sénateur Bonjean, que le Saint-Siége ne protesta pas sérieusement, ou qu'il se borna à réclamer contre quelques articles? Le cardinal légat n'a- t-il pas protesté contre l'ensemble, contre l'entreprise même de réglementer les choses de l'Eglise? Ne la repré- sente-t-il pas comme un empiétement dangereux du tem- porel sur le spirituel? Si dans le détail il ne condamne pas tous les articles, c'est que quelques-uns étaient en eux-mêmes assez inoffensifs et que l'Eglise aurait pu les accepter venant d'une autre source.

Il y eut donc protestation sérieuse contre les articles organiques dès leur apparition. Mais, disent les défenseurs, le Pape finit par s'adoucir, il en prit son parti, s'il n'alla pas même jusqu'à les accepter virtuellement au moins par son silence. Voilà encore la thèse des gallicans parlementaires. Mais encore, sur ce point, l'histoire dépose contre eux.

Devenu empereur, en 1804, Napoléon désira se faire sacrer par le Pape. Des négociations furent entamées à ce sujet. Pie VII ne se refusait pas aux désirs du nouveau monarque ; mais il y mettait ses conditions. La première était l'abrogation des Organiques. Cette condition n'était-elle pas une nouvelle protestation contre ces lois ? Napoléon refusa ; le Pontife comprit qu'il serait inutile d'insister. Espérant pourtant d'autres avantages, en particulier l'abolition des lois sur le divorce qu'on semblait lui promettre, il accéda à la demande de l'Empereur et vint le sacrer à Paris. Parmi les désirs qu'à cette occasion il exprima au pouvoir français ne figure plus celui de l'abrogation des Organiques. Donc, disait le comte de Portalis dans sa préface aux œuvres de son grand-père, et après lui, le sénateur Bonjean, le Pape accepta les Organiques par son silence, c'est la seconde acceptation. Voilà une logique de facile accommodement ! Le Pape demande qu'on abolisse les articles organiques ; le refus catégorique de l'Empereur lui prouve l'inutilité de nouvelles instances ; il se tait, et son silence est une preuve de son consentement ! C'est étendre singulièrement le sens du proverbe *qui tacet consentire videtur*.

Mais le Pape lui-même va démentir cette ridicule conclusion par toute sa conduite dans l'affaire du serment. La formule adoptée par le sénatus-consulte qui conférait à Napoléon la dignité impériale portait obligation de maintenir la liberté des cultes ; de *respecter et de faire respecter les lois du Concordat*. La formule du serment fut à la cour romaine l'objet d'une longue discussion. L'article relatif à la liberté des cultes souleva mille difficultés qui n'appartiennent pas à notre sujet. Les mots : *Lois du Concordat* n'en soulevèrent pas de moindres. Qu'entendre par ces mots *lois du Concordat* ? Comprenaient-ils seulement les dix-sept articles consentis entre les deux pouvoirs ? ou renfermaient-ils en même temps les articles organiques ? Entendu en ce dernier sens, le serment ne pouvait être accepté par les catholiques, et le Pape ne devait pas sanctionner par sa présence des engagements contraires aux lois et aux droits de l'Eglise. Il fallait donc renoncer à l'espoir de voir le Souverain Pontife en France. Ainsi fut posée la difficulté à Rome et à Paris.

Voici comme en écrivit le cardinal secrétaire d'Etat au cardinal légat, en date du 5 juin 1804 : « Notre réponse affirmative allait partir quand est survenu cette formule du serment qui a soulevé toute la difficulté. On ne peut admettre le serment de respecter et de faire respecter les lois du Concordat, ce qui n'est autre chose que dire que l'on observera et fera observer les articles organiques. »

A la réception de cette dépêche, le cardinal Caprara soumit au ministre Talleyrand les objections du Saint-Siége : « Ce serment ne renferme pas seulement le Concordat ; mais encore ce qu'on appelle les lois du Concordat. Cette expression a paru comprendre dans son étendue très indéterminée, les lois dites Organiques, dont plusieurs articles ne peuvent s'accorder avec les principes et les maximes de l'Eglise. » (Note du 25 juin 1804.)

On craignait donc, à Rome, que sous ces vagues expressions, les *lois du Concordat*, fussent compris les articles organiques ; c'est l'interprétation de nos modernes gallicans. — Laissons les diplomates officiels de l'Empire renverser d'avance les prétentions que nos gouvernants d'aujourd'hui fondent sur ce titre équivoque.

Trois fois le gouvernement français a donné de cette expression une explication officielle contraire à celle que l'on voudrait faire prévaloir aujourd'hui. — C'est d'abord la réponse du cardinal Fesch, ambassadeur près du Saint-Siége.

Voici en quels termes il rendait compte à son gouvernement de ses négociations avec la cour pontificale : « Je soutins, écrivait-il le 12 juin 1804, que par les mots *les lois du Concordat*, on ne parlait pas des lois organiques, mais des dix-sept articles du Concordat. » Il raconte ensuite comment, dans la conversation, il fit comprendre que le Concordat est un traité entre le gouvernement français et le Pape ; que pour devenir loi de l'Etat, ce traité avait dû être soumis au vote du Sénat et être approuvé par un sénatus-consulte, et il ajoutait : « Sous ces mots : *lois du Concordat*, il n'y a rien qui désigne les lois organiques, parce qu'elles ne sont pas comprises dans le Concordat, et qu'on ne peut pas appeler du nom de sénatus-consulte quelconque les règlements ou les lois que l'on fait pour organiser un sénatus-consulte ; que, d'ailleurs, on n'a dû parler, dans ce serment, que des lois fondamentales de l'Etat, et point de ces lois organiques, parmi lesquelles il y a des lois qui peuvent être changées selon les circonstances qui sont purement de police. »

Donc, d'après les assurances officielles de l'ambassadeur de France, le Pape pouvait approuver les lois du Concordat, même au pluriel, sans adhérer aux articles organiques.

Passons au rapport de Talleyrand à l'Empereur sur les difficultés opposées par la cour pontificale : « Il (le serment) prescrit l'obéissance aux lois du Concordat, parce qu'en langage de droit public, les stipulations de deux puissances sont des lois que les publicistes appellent *lois de la lettre*. Les lois organiques sont des lois d'une autre nature. Le prince ne peut pas jurer de les faire observer, parce qu'elles peuvent être changées ; et s'il avait été dans l'intention du constituant de la prescrire, il n'aurait pas dit : *les lois du Concordat*, mais *les lois organiques du Concordat*. »

Enfin, le même ministre répond officiellement aux observations du cardinal légat : « Ce serment n'est nullement susceptible de l'interprétation qu'on veut lui donner. *Les lois du Concordat* sont essentiellement le Concordat lui-même. Cet acte est le résultat de deux puissances contractantes. Les lois organiques, au contraire, ne sont que le mode d'exécution adopté par l'une de ces deux puissances. Ce mode est susceptible de changement et d'amélioration, suivant les circonstances. On ne peut donc, sans injustice, confondre indistinctement l'un et l'autre sous les mêmes expressions. »

Mais, disait le sénateur Bonjean, et redira-t-on peut-être après lui, pourquoi mettre au pluriel : *les lois du Concordat*, et pas au singulier : *la loi du Concordat*, si l'on ne voulait comprendre sous une même dénomination le Concordat et les articles organiques ? Laissons encore le ministre français Talleyrand confondre la science diplomatique des défenseurs des lois organiques : « Ces mots *lois du Concordat* ne supposent nullement une cumulation du Concordat et des lois organiques. Ils sont consacrés par l'usage de deux cours, française et romaine. Léon X appelait le premier Concordat français : *lois convenues entre la France et le Saint-Siége (leges Concordatas)*. Telles étaient aussi les expressions dont se servait François Ier dans son édit d'acceptation et de promulgation.» (*Extrait des archives du Vatican*, par Mgr Plantier, évêque de Nîmes). Explication très juste ; car le Concordat n'est pas une loi unique, mais un ensemble de lois classées par paragraphes.

La négociation du Sacre, non moins laborieuse peut-être que celle du Concordat, loin d'être une acceptation des articles organiques, fut donc, au contraire, une seconde et solennelle protestation. Ajoutons que, même après ces explications officielles, le Pape n'assista pas à la prestation du serment, ainsi que le dit à tort M Bonjean ; car l'Empereur le prêta dans le temps que le Souverain-Pontife, ayant terminé la sainte messe, se retira à la sacristie pour changer ses vêtements pontificaux. Absence préméditée assurément, et qui n'avait d'autre but, dans la pensée du Pape, que de ne pas autoriser, par sa présence, un serment dont plusieurs parties semblaient peu conformes aux principes catholiques.

Troisième protestation du Saint-Père dans la bulle d'excommunication fulminée contre Napoléon le 10 juin 1809. Parmi les griefs allégués contre le nouveau persécuteur, le Pape met celui des articles organiques « insérés à notre insu dans le Concordat, et aussitôt improuvés par nous (*quos statim improbavimus*), comme contraires à la liberté de l'Eglise sur les points les plus graves, et même opposés à la doctrine de l'Evangile. »

Pie VII protestait encore contre ces mêmes articles après la chute de l'Empire, dans les négociations pour la conclusion d'un nouveau Concordat avec la France. Le préambule portait que Sa Sainteté le Pape Pie VII est animé du désir le plus vif que les maux contre lesquels il a si souvent réclamé dans les temps passés, cessent entièrement en France. En conséquence, l'article troisième porte abrogation des articles organiques. C'était d'abord l'abrogation pure et simple; plus tard, on ajouta cette restriction : « *En ce qu'ils ont de contraire à la doctrine et aux lois de l'Eglise.* » Ce paragraphe, même avec cet adoucissement, n'est-il pas une nouvelle protestation contre les Organiques? Et ne les déclare-t-il pas formellement inconciliables avec la foi et la discipline de l'Eglise? Il est donc évident que le Souverain Pontife Pie VII ne les a jamais acceptés, qu'il n'a cessé de protester contre eux, et que les trois acceptations que le sénateur Bonjean annonçait avec tant d'assurance n'existèrent jamais que dans son imagination.

Mais, dira-t-on, les successeurs de Pie VII ont enfin accepté cette législation, puisqu'ils ne l'ont pas condamnée formellement et n'ont plus fait entendre de réclamations? Laissons la réponse à Pie IX. Au courant de la discussion de l'adresse, dans la séance du Sénat du 15 mars 1865, l'archevêque de Paris répondit au sénateur Bonjean. Son discours contenait des choses remarquables; mais il avait faibli sur plusieurs points, et en particulier sur la question des articles organiques. Le Saint-Père, dans une lettre datée du 26 octobre de la même année, lui reprochait ainsi les concessions auxquelles il s'était laissé entraîner : « Vous avez été d'avis qu'il fallait leur accorder quelque autorité et quelque respect, parce qu'ils répondent à une condition et à une nécessité grave de la société, bien que vous n'ignoriez pas comment le Siége Apostolique n'a jamais omis de protester contre ces articles, publiés par le pouvoir laïque et contraires à la doctrine de l'Eglise, à ses droits, à sa liberté. »

Le Saint-Siége n'a donc jamais accepté les articles organiques et toujours, au contraire, il les a rejetés pour deux motifs : comme émanent d'une autorité incompétente et comme s'écartant en beaucoup de points de la doctrine et de la discipline de l'Eglise. Donc, si les lois d'exécution d'un traité doivent être consenties de part et d'autre pour obtenir la valeur juridique, les lois organiques sont frappées de nullité.

Que sera-ce si ces lois prétendues d'exécution, au lieu d'être d'interprétation pratique et vraie des stipulations entre les deux puissances leurs sont opposées et en sont la négation? Or, il en est ainsi des articles organiques. Le Concordat, en effet, proclamait le libre exercice de la religion catholique dans toute l'étendue du territoire français, et chacun des articles organiques renferme dans des limites arbitraires l'exercice de la religion. La publicité du culte, convenue dans l'article premier du traité, y est soumise à d'intolérables restrictions, sous le vain prétexte de la tranquillité publique. D'après le Concordat, la délimitation des paroisses était réservée aux évêques, sauf l'agrément du gouvernement ; et les Organiques, votées et promulguées à l'insu du Pape et des évêques, statuent souverainement sur un point si important. Le Concordat reconnaît aux évêques le droit d'ouvrir des séminaires et de constituer des chapitres cathédraux ; et les articles organiques leur interdisent de le faire sans nouvelle autorisation du pouvoir civil, auquel devront être soumises les questions d'organisation et de personnel.

Enfin, pour n'en citer qu'un dernier exemple, le Saint-Père, en retour des immenses concessions faites en matière de biens ecclésiastiques, demandait que le droit de posséder fût reconnu à l'Eglise et sanctionné par la législation civile. Les Organiques appliquent cet article du Concordat en interdisant à l'Eglise la propriété territoriale et soumettant le droit de fondation à l'autorisation de l'Etat.

Faut-il s'étonner d'entendre le cardinal Consalvi dire que les articles organiques anéantissent la liberté stipulée dans le Concordat, qu'ils détruisent le Concordat au moment même où il voyait le jour? « Ces lois, véritablement constitutionnelles, renversaient à peu près le nouvel édifice que nous avions pris tant de peine à élever. Ce que le Concordat statuait en faveur de la liberté de l'Eglise et du culte était remis en question par la jurisprudence. » (*Mémoire*, t. I. p. 121-439.)

C'est la plainte que faisait entendre le Souverain Pontife dans la bulle d'excommunication. « Par ces articles on enlève entièrement à l'exercice de la religion catholique, dans les points les plus importants, cette liberté qui, dès le commencement de la convention, était statuée et solennellement promise comme sa base et son fondement. »

Jugés d'après les principes les plus élémentaires du droit des gens, les articles organiques n'ont donc aucune valeur légale. Aussi, les Papes ont eu raison de protester contre une législation imposée par la force et contrairement à tous droits ; les évêques et les prêtres, qui, dans leur ministère, sont des fonctionnaires de l'Eglise et non de l'Etat, ne peuvent regarder comme de véritables lois ces règlements portés par une autorité incompétente. Obligés de les subir comme on subit une nécessité inévitable, ils ne s'auraient avoir pour eux ni le respect ni l'obéissance spontanée que commande la loi légitime. Et, dans l'avenir, comme dans le passé, les pasteurs de l'Eglise ne laisseront échapper aucune occasion d'en réclamer l'abrogation.

———

§ II.

Valeur des Articles organiques au point de vue du Droit canonique.

On s'étonne parfois de l'insistance avec laquelle l'épiscopat et le clergé français protestent depuis quatre-vingts ans contre les articles organiques. Accoutumés à pousser le respect et la loi jusqu'à l'idolâtrie, bien des gens pensent que les évêques et les prêtres auraient dû en prendre leur parti et accepter un régime, gênant peut-être, mais consacré par l'autorité de la loi.

C'est que peu d'hommes, nous dirons même peu de catholiques, se rendent compte de la position de l'Eglise vis-à-vis de la société temporelle. Rien n'est plus juste à leurs yeux que de reconnaître à la famille religieuse fondée par Jésus-Christ ses droits à la liberté, même à la protection que le magistrat politique doit à toute institution honnête ; ils ne marchandent pas leurs hommages à l'institutrice du

monde moderne, à la bienfaitrice insigne de l'humanité.
Aussi, volontiers lui rendraient-ils sa place parmi les grands
corps de l'Etat. Mais là s'arrêtent trop souvent leurs égards
envers l'Eglise catholique. Ils ne vont pas jusqu'à reconnaître en elle une société véritable, complète, indépendante
et supérieure à toute société purement temporelle. Ils
voudraient faire du culte catholique une branche du service
public et réduire ses évêques et ses clercs au rang de
fonctionnaires de l'Etat.

Mais l'Eglise ne peut accepter cette position subalterne.
Elle tient de Jésus-Christ son fondateur les droits d'une
vraie société, avec son but propre, son organisation, ses
moyens d'actions, ses sujets, en un mot tous les éléments
qui forment un véritable royaume dans l'ordre spirituel.
Et tous ces droits elle les possède, non par la volonté ou
la tolérance des puissances de ce monde, mais en vertu de
l'institution même de Dieu. Elle domine l'Etat temporel de
toute la hauteur qui sépare le Ciel et la terre.

Le chrétien a donc ici-bas deux patries : l'une terrestre,
l'autre céleste ; l'une qui lui est absolument nécessaire pour
obtenir le bonheur essentiel, l'autre très utile à ses intérêts
temporels, mais dont il pourrait absolument se passer
sans compromettre son avenir éternel. Si donc, par le malheur des temps, le chrétien était réduit à choisir entre la
patrie de la terre et celle du Ciel, il devrait dire, comme
autrefois les apôtres devant le Sanhédrin : Mieux vaut
obéir à Dieu qu'aux hommes.

Or, cette société spirituelle n'est pas inféodée à la société temporelle. Chez les Juifs ces deux sociétés se confondaient ; chez les païens également la religion faisait partie
des institutions sociales et César était à la fois Empereur
et Souverain Pontife. Mais Jésus-Christ, en établissant son
Eglise une et universelle, en ordonnant qu'elle s'étendît
chez toutes les nations de la terre, sans distinction de climats, de langues ou d'origines, a voulu qu'elle fût en
possesion de son autonomie ; il l'a faite indépendante de
tout pouvoir humain.

L'Eglise est donc une société véritable, ayant ses droits
propres, sa législation, ses chefs, et traitant avec les princes de la terre, non comme des mandataires d'une association subordonnée, mais à titre de souveraine.

Le gouvernement du Premier Consul, négociant l'affaire
du Concordat avec l'envoyé du Saint-Siége, reconnaissait
officiellement cette position de l'Eglise catholique. Les
pouvoirs qui, depuis, se sont succédé, l'ont également
reconnue : et le gouvernement de la République en est
encore à ces anciennes traditions. A quel titre, en effet,
fait-il du Concordat la base de ses relations avec l'Eglise ?

Pourquoi entretient-il un ambassadeur auprès du Saint-Siége ? N'est-ce pas parce que pour lui, comme pour le premier Empire, la Restauration, le Gouvernement de Juillet et le second Empire, le Pape est le chef de la société catholique, et, qu'en cette qualité, il est vraiment un souverain indépendant du pouvoir civil ?

Puisque l'Eglise est une société complète, la conséquence nécessaire est qu'elle possède une législation qui lui est propre, obligatoire pour tous ses membres, plus obligatoire même que la législation civile, puisque celle-ci n'a pour but que les intérêts du temps et de sanction que des peines passagères, tandis que la loi canonique a pour but les biens de l'éternité et pour sanction les peines qui ne finiront jamais. De ce principe incontestable pour tout catholique suit comme conséquence rigoureuse l'obligation d'observer les lois de l'Eglise, et, s'il venait à s'élever un conflit entre les deux pouvoirs, de préférer la loi divine à celle de l'homme.

L'Eglise a donc un droit qui lui est propre. Sa législation dérive de deux sources : la révélation et les décrets pontificaux ou conciliaires. Les lois dont la collection forme le droit canon sont donc rangées sous deux chefs : les unes ont Dieu lui-même pour auteur immédiat ; les autres émanent de l'autorité du législateur, auquel le fondateur de l'Eglise a donné mission de gouverner son peuple. Celles-ci ne sont pas comme les premières, d'institution divine, mais le pouvoir dont elles émanent est établi par Dieu, et méconnaître leur autorité, c'est résister à l'ordre même de Dieu. Jésus-Christ ne disait-il pas à ses apôtres et à leurs successeurs : *Qui vous écoute m'écoute, et qui vous méprise me méprise ?*

De ces deux parties du droit canonique, la première, celle qui vient immédiatement de Dieu, est invariable. Il ne dépend pas des papes et des conciles de la modifier ; elle appartient à la Constitution essentielle de l'Eglise. La seconde subit des changements suivant les nécessités des circonstances. Mais les pasteurs ont seuls le pouvoir de la modifier. Donc, tant qu'elle subsiste, elle impose des devoirs d'obéissance à tous les fidèles. Aucun pouvoir séculier ne peut les abroger. Le prince temporel peut bien être gêné par la loi canonique, mais son droit se borne alors à solliciter de la puissance ecclésiastique les modifications qu'il juge nécessaires ou opportunes, il ne va pas jusqu'à les modifier ou les abroger de sa propre autorité. C'est la matière des concordats.

Les concordats, en effet, ne sont que des concessions faites par l'autorité spirituelle aux princes et aux nations catholiques ; de véritables priviléges par lesquels le Souverain Pontife, prenant en considération les nécessités particulières d'une nation, déroge en certains points au droit commun, laissant dans son état ordinaire tout ce qui n'est pas formellement stipulé par cette convention. D'après ce principe évident, l'Eglise de France est aujourd'hui régie par le droit commun, sauf les points sur lesquels le Concordat de 1801 a dérogé expressément à la loi canonique. C'est ce que signifie clairement le premier article : « La religion catholique, apostolique et romaine sera librement exercée en France. » Laisser pratiquer la religion librement n'est-ce pas accepter l'Eglise avec toute sa discipline ? Donc, excepté les trois ou quatre points sur lesquels portent les dérogations au droit commun, celui-ci reste en vigueur dans nos églises de France, comme dans celles du reste de l'univers.

Tel est le point de vue catholique, celui où doit se placer tout homme impartial pour apprécier la conduite de l'épiscopat et du clergé à l'égard des articles organiques. Si ces articles sont réellement contraires au droit canonique, et s'ils ne sont autorisés par aucune concession formelle du pouvoir spirituel, ni les évêques, ni les prêtres, ni les fidèles ne peuvent sans prévarication les considérer comme des lois véritables, des lois qui s'imposent aux consciences, et produisent un droit proprement dit. On les subit comme on subit tant d'autres violences dans un temps où la force prime le droit, car la prudence chrétienne ordonne de s'accommoder d'un état de choses qu'on ne saurait empêcher, en s'efforçant d'en tirer le meilleur parti possible ; les chrétiens de la primitive Eglise, courbés sous les coups des persécuteurs, profitaient bien du peu de liberté qu'on leur laissait encore, pour prêcher la foi de Jésus-Christ. Mais autre chose est de supporter avec patience la violation de ses droits, autre de reconnaître une valeur légale aux édits de persécution.

Ces principes posés, nous rentrons dans la région des faits ; et nous cherchons si réellement les articles organiques sont en opposition avec les lois canoniques, et par conséquent si l'Eglise a eu tort de les repousser avec tant de persévérance.

II. — Or, cette démonstration n'est plus à faire. Elle a été faite dès l'origine par les autorités les plus compétentes, celles qui s'imposent à la conscience des chrétiens.

Le Concordat venait à peine d'être promulgué, traînant à sa suite les articles organiques et pour surcroît les lois d'organisation des cultes dissidents. Le Saint-Siége se hâta de protester, nous l'avons vu dans la première partie de ce travail. Ce fut d'abord par voie diplomatique ; le cardinal

secrétaire d'Etat et le cardinal légat eurent ordre de faire
parvenir au gouvernement français les réclamations du
Souverain Pontife. Ce ne fut pas assez. Pie VII lui-même
fit entendre sa voix dans l'assemblée des cardinaux d'abord;
puis en s'adressant à l'Eglise universelle dans la bulle d'excommunication de Napoléon. Ces protestations ne s'arrê-
tèrent pas au règne de Bonaparte. Le Concordat de 1817,
conclu entre le pape Pie VII et le roi Louis XVIII stipulait
formellement l'abrogation au moins partielle de ces néfastes
articles. S'il en faut croire les rumeurs publiques, plus
d'une fois depuis cette époque la diplomatie pontificale
aurait poursuivi le même but; mais laissant de côté les
négociations secrètes plus ou moins contestables, le grand
Pontife, dont le souvenir restera toujours glorieux dans les
fastes de l'Eglise. Pie IX a uni sa voix à celle de Pie VII et
protesté lui aussi contre cette législation imposée à l'Eglise
par un pouvoir usurpateur. Nous avons dit à quelle occasion et dans quels termes.

Mais pour quelles raisons le Saint-Siége a-t-il de tout
temps si énergiquement repoussé les articles organiques?
Est-ce uniquement à cause de leur origine, pour avoir été
ajoutés frauduleusement, et contre toutes les règles du
droit des gens, à la convention conclue entre les deux
pouvoirs? C'est bien un des griefs allégués dans ces protestations; mais le Saint-Siége aurait passé sur ces procédés
irréguliers, si un motif plus grave ne l'eût contraint à rejeter ces prétendues lois. Ce motif, c'est l'opposition entre
les articles organiques et la loi canonique dans sa double
partie, celle qui a Dieu pour auteur immédiat et celle qui
émane directement de sa puissance ecclésiastique.

Le Saint-Siége, en effet, reproche à ces articles de fouler
complétement aux pieds les principes et les maximes canoniques, et de réduire l'Eglise et ses ministres à un véritable
esclavage (1); d'être contraire au dogme et de dépouiller
l'Eglise du droit essentiel que Jésus-Christ a donné à son
Chef et aux Evêques (2). Plusieurs de ces articles sont aux
yeux du Saint-Père en opposition avec les règles de
l'Eglise (3). Il est du devoir du Pape d'employer tous les
moyens pour obtenir que ces articles soient modifiés conformément à ce qu'exige la constitution de la religion nouvellement rétablie et la discipline de l'Eglise (4); dès leur

---

(1) Dépêche du cardinal légat, 13 mai 1802. (Voyez l'*Eglise romaine
et le Premier Empire*, par le comte d'Haussonville. T. 1. *Pièces justifi-
catives*.)

(2) Dépêche du 27 juin 1802. (*Ibid.*)

(3) Lettre du cardinal Consalvi à M. Cacault, 25 mai 1802. (Artaud,
t. 1.)

(4) Allocution de Pie VII, du 14 mai 1802.

apparition, ils furent publiquement désapprouvés par le Saint-Siége, parce que, aux termes de ces articles, non-seulement on anéantit de fait, pour l'exercice de la religion catholique dans les points les plus graves et les plus importants, la liberté qui, en tête des stipulations du Concordat, avait été spécifiée comme base et fondement, mais il y a même quelques-uns de ces articles qui attaquent la doctrine de l'Evangile (1). Ces mêmes articles sont abrogés par le Concordat de 1817, « en ce qu'ils ont de contraire à la doctrine et aux lois de l'Eglise (2). » Ils sont « contraires à la doctrine et aux lois de l'Eglise (3). » Ils sont « contraires à la doctrine de l'Eglise, à ses droits et à ses libertés (4). »

Ces condamnations sont générales. L'Eglise, par l'organe de son Chef, déclare les articles organiques contraires au dogme révélé, à la constitution divine de l'Eglise et à sa discipline. Mais ce n'était pas assez : il fallait descendre aux détails. Ce fut sur la demande de Napoléon lui-même que le cardinal légat rédigea un mémoire dans lequel il montrait l'opposition manifeste entre un grand nombre de ces articles et les enseignements et les lois de l'Eglise. Mémoire court, substantiel, d'une logique victorieuse, que Portalis s'efforça vainement de réfuter dans son rapport du cinquième jour complémentaire, an XI (5).

En présence de ces jugements du Saint-Siége, quel catholique oserait mettre en doute que les articles organiques soient contraires au droit canon, et, par conséquent, qu'ils ne peuvent être acceptés comme de véritables lois par les évêques, le clergé et les fidèles ?

Mais, diront les survivants du gallicanisme, l'autorité de Rome est peu de chose pour les catholiques français, si elle n'est corroborée par le suffrage des évêques ? La Déclaration de 1682, qui fait loi pour l'Eglise de France, n'a-t-elle pas statué que les décisions du Pontife Romain, en matière de foi comme en matière de discipline, n'ont de valeur définitive qu'autant qu'elles sont revêtues de la sanction du Collége épiscopal ?

Acceptons pour un instant cette doctrine contraire à tous les enseignements de l'antiquité, et que le Concile du Vatican a inscrite, enfin, au nombre des hérésies. Les dé-

---

(1) Bulle d'excommunication du 10 juin 1809.
(2) Concordat de 1817, art. 1.
(3) Lettre de Pie IX à l'archevêque de Paris, 26 octobre 1865.
(4) Le Mémoire du cardinal Caprara et la réponse de Portalis se trouvent dans le *Recueil du droit civil ecclésiastique français* de Champeau, t. 2.
(5) Le Mémoire du cardinal Caprara et la réponse de Portalis se trouvent dans le *Recueil du Droit civil ecclésiastique français* de Champeau, t. 2.

fenseurs des Organiques n'en retireront aucun avantage, car, depuis le commencement du siècle présent jusqu'à nos jours, l'épiscopat français a été unanime pour les réprouver et en demander l'abrogation. Nous pourrions ici multiplier les preuves. Mais, en place d'une fastidieuse énumération de documents isolés, nous rappellerons un témoignage qui les résume tous. On y verra avec quelle unanimité et quelle persévérance les évêques français ont uni leurs voix à celle du Pontife Romain, pour condamner cette législation imposée par la force, mais contraire à tous les droits de l'Eglise et à ses lois.

C'était en 1844, au plus beau temps du règne de Louis-Philippe. Dupin, l'héritier des préjugés parlementaires, gallicans et jansénistes, venait de publier son *Manuel de droit ecclésiastique français* ; recueil incomplet et indigeste des lois de servitude imposées à l'Eglise par les anciens parlements et les gouvernements modernes issus de la Révolution. L'auteur avait assaisonné les textes de nos vieilles lois de traits qu'il croyait spirituels et de réflexions plus conformes aux maximes de Port-Royal et aux articles de Pilhou qu'aux doctrines orthodoxes. Sa haute position d'ancien président de la Chambre des députés, de procureur général à la Cour de Cassation, et de conseiller intime de la famille régnante donnait un grand crédit à cette publication. L'épiscopat français s'en émut, non sans raison. L'archevêque de Lyon, cardinal de Bonald, se fit son interprète. Il publia contre le *Manuel* un mandement modéré dans la forme, mais d'une vigueur tout apostolique, dénonçant à la France chrétienne les principes erronés que le gallicanisme parlementaire s'efforçait de ressusciter. L'éminent prélat démontra sans peine combien ces doctrines et ces lois étaient contraires à la Constitution et aux canons de l'Eglise. Les articles organiques surtout furent l'objet de sa légitime réprobation.

Le gouvernement libéral trouva mauvais cet acte d'autorité épiscopale. Il ne se croyait plus au temps où les Thomas Becket et les Anselme opposaient une résistance invincible aux empiétements de la puissance séculière, prêts à subir la mort pour la défense des libertés religieuses. Il n'arma pas, il est vrai, les bras des assassins qui firent jaillir la cervelle du glorieux martyr de Cantorbéry ; mais il appela à sa défense le Conseil d'Etat, et lui déféra comme entaché d'abus le mandement du cardinal. Inutile de rappeler la sentence portée par cet étrange tribunal. Le Conseil d'Etat saisi d'une cause ecclésiastique, n'a-t-il pas pour mission de couvrir d'un voile de légalité les attentats d'un ministère quelconque contre la liberté religieuse ? Il fut donc déclaré, par arrêt du 9 mars 1845, que l'archevêque de Lyon s'était, en publiant son mandement, rendu coupable d'abus ; et, par conséquent, en vertu de l'autorité royale, ledit mandement était et demeurait supprimé.

On prétendait infliger une flétrissure au vaillant prélat ; la flétrissure n'atteignit que le *Manuel*. Ce fut un cri unanime dans l'épiscopat français pour adhérer au mandement condamné, et le pasteur suprême, jugeant en dernier ressort pour les catholiques, fit insérer à l'*Index* des ouvrages condamnés les deux éditions du *Manuel* de Dupin (1).

Ce n'est donc pas seulement la cour romaine, mais l'épiscopat français tout entier, uni au Pontife Romain, qui a réprouvé cet ensemble de lois anticanoniques parmi lesquelles les articles organiques revendiquent la place d'honneur. Si le gallicanisme était conséquent avec lui-même, il aurait dû se tenir pour battu.

La question des Organiques et de leur opposition aux institutions canoniques a été traitée avec tous les développements qu'elle comporte, dans le savant ouvrage de M. le Chanoine Hébrard que nous avons cité plus haut. La troisième partie, plus de la moitié du volume, suit pas à pas la législation française, et montre en quoi elle renverse les lois les plus essentielles de l'Eglise.

Les bornes qui nous sont imposées dans une revue nous empêchent de nous engager avec lui dans cette étude de détail ; nous y renvoyons le lecteur désireux d'approfondir cette importante matière. Il nous suffira de dire, par forme de résumé, en quoi les articles organiques sont la contradiction des lois canoniques, soit qn'elles émanent directement de Dieu, soit qu'elles aient été établies par les papes et les Conciles.

III. — Les Organiques détruisent d'abord le droit canon dans son principe fondamental, l'indépendance de l'Eglise en tout ce qui regarde l'ordre spirituel. Cette liberté est sacrée ; ni papes, ni évêques, ni conciles ne peuvent y renoncer. Elle est essentielle au catholicisme et d'institution divine, car Jésus-Christ envoyait les apôtres prêcher l'Evangile et gouverner le peuple chrétien avec toute la puissance nécessaire à l'accomplissement de leur mission. Il ne leur fit point un précepte de soumettre les dogmes et les lois de morale et de discipline au bon plaisir des Césars ; au contraire il posa cette maxime, si chère pourtant aux politiciens ennemis de l'Eglise : *Rendez à César ce qui est à César ; mais rendez à Dieu ce qui est à Dieu.*

L'indépendance de l'Eglise a été vaillamment défendue

---

(1) Décret du 5 avril 1845 et du 10 mars 1860.

par les saints Pères et les Conciles comme la base des relations entre l'Eglise et l'Etat.

Faut-il dire combien cette loi première a été méconnue
par les Organiques ? Qu'on les suive article par article ; en
trouvera-t-on un seul qui ne soit un empiètement du
pouvoir temporel sur le pouvoir spirituel ? Le Prince met
sa main sur tout : il règle les rapports des fidèles avec leur
Chef ; entre dans tous les détails de la nomination et de
l'institution des pasteurs ; de l'organisation diocésaine ; de
la discipline ecclésiastique ; de l'enseignement des séminaires ; de l'administration des sacrements ; enfin il constitue
son tribunal ecclésiastique, son Conseil d'Etat, chargé de
juger souverainement le ministre du culte coupable d'excès
de pouvoir ou d'abus dans ses fonctions spirituelles.

A ce premier attentat contre la loi canonique, les Organiques en ajoutent un second non moins destructif de la
Constitution de l'Eglise. Ils rompent violemment les rapports des fidèles avec leur chef suprême, le Pontife Romain :
et tombent ainsi sous les censures du dernier Concile
général. « Nous condamnons et réprouvons le sentiment
de ceux qui disent que l'on peut librement empêcher la
communication du Chef suprême avec les pasteurs et leurs
troupeaux, ou qui les mettent sous la dépendance du
pouvoir séculier. » Ainsi parlent les pères du Vatican.
C'est une hérésie qu'ils condamnent, hérésie qui de la
théorie passe trop souvent dans la pratique.

Disons comment les Organiques empêchent les rapports
du Chef de l'Eglise avec les catholiques de France. Le
Pape a trois moyens de communiquer avec les pasteurs et
les fidèles : les lettres apostoliques ; les envoyés du Saint-
Siége, légats, nonces, ou vicaires apostoliques ; et les en-
tretiens personnels avec les prélats préposés au gouvernement des églises particulières.

Mais les Organiques sont là pour empêcher ces trois
sortes de communication du Pape avec les fidèles.

L'article premier interdit l'accès du territoire à toute
pièce officielle émanée de la Cour de Rome : bulles, brefs,
rescrits, décrets, mandats, provisions, signatures servant de
provision ; enfin, pour ne rien omettre, les autres expéditions de la Cour de Rome. Aucune de ces lettres ne
pourront être reçues, publiées, imprimées ou mises à exécution sans l'autorisation du gouvernement. Le législateur
a bien pris ses mesures ; rien n'est oublié. Le Pape adresse-
t-il à tous les fidèles sous forme d'encyclique les enseignements de la foi ; le dogme défini franchira sans opposition
les frontières de Chine, de Turquie ; ni l'empereur païen
du Géleste Empire, ni le sultan de Constantinople ne se
croiront autorisés à contrôler ses enseignements. Mais en

France , grâce aux Organiques, la bulle ne parviendra pas à la connaissance des fidèles si elle ne porte l'estampille du gouvernement.

Le Pape portera-t-il des lois de pure discipline ecclésiastique ; accordera-t-il des indulgences , enrichira-t-il une église de priviléges purement spirituels , permettra-t-il de couronner solennellement la Vierge d'un pèlerinage célèbre ; défense de publier l'indult pontifical avant que le Conseil d'Etat en ait pris connaissance et ne lui ait octroyé son laisser-passer.

Bien plus , si un malheureux pécheur , frappé des censures de l'Eglise, est touché de repentir et supplie la pénitencerie de le relever de l'excommunication ; l'indult devrà, en dépit du secret de la conscience , passer sous les yeux des conseillers d'Etat qui jugeront de sa conformité avec la loi française. Ou bien un chrétien a-t-il contracté par une faute secrète l'un de ces empêchements occultes qui rendent nul un mariage ; la sacrée pénitencerie sur ses instances a levé l'obstacle et expédié le rescrit portant dispense de cet empêchement. L'Eglise a pris toutes les précautions pour couvrir ces tristes accidents sous les voiles de la confession. Mais l'article premier des Organiques ne fait aucune exception , et s'il faut s'en tenir à la lettre , même ces expéditions de la Cour de Rome ne recevront leur exécution qu'après avoir subi l'examen du gouvernement.

Cet attentat, par lequel les magistrats et les législateurs arrêtent les communications écrites dn Saint-Siége avec les fidèles, a paru tellement monstrueux , que le Pape a frappé d'excommunication spécialement réservée ceux qui s'en rendraient coupables. L'article 8 des censures portées par la bulle *Apostolicæ Sedis* comprend sous cette peine « tous ceux qui empêchent directement ou indirectement la promulgation ou l'exécution des lettres et des actes du Siége Apostolique et de ses légats et délégués. »

On dira peut-être que le décret du 28 février 1810 exempte de ce premier article les rescrits de la pénitencerie qui ne regardent que la conscience. Sans doute , répondons-nous ; mais nous ajouterons que , par le temps présent , un décret impérial , fût-il corroboré par une pratique de quatre-vingts ans , est peu fait pour nous rassurer. Une loi n'est pas abrogée par un décret ; l'article 1er des *Organiques* figure toujours au *Bulletin des lois*, et l'on sait aujourd'hui par expérience combien sont à craindre les lois existantes avec un ministère anticlérical , ayant à sa disposition un Conseil d'Etat et un Tribunal des Conflits formés comme ceux que la France voyait naguère à l'œuvre.

Pas plus que les lettres apostoliques, les envoyés du

Saint-Siége ne pourront, sous le régime des Organiques, porter aux fidèles les enseignements et les ordres du Pasteur Suprême. On n'appostera plus de gardes aux frontières pour arrêter les légats, comme le faisaient Edouard d'Angletere et Philippe-le-Bel de France. A cet acte de violence qui n'est plus de notre âge, les modernes oppresseurs ont substitué l'article 2 des Organiques, en vertu duquel « aucun individu se disant nonce, légat, vicaire ou commissaire apostolique, ou se prévalant de toute autre dénomination, ne pourra, sans la même autorisation, exercer sur le sol français, ni ailleurs, aucune fonction relative aux affaires de l'Eglise gallicane. »

Or, parmi les excommunications portées par le droit canon, et renouvelées récemment par le Souverain Pontife Pie IX, la sixième de celles qui sont spécialement réservées au Pontife Romain frappe « quiconque empêche directement ou indirectement l'exercice de la juridiction ecclésiastique au for intérieur ou extérienr. »

Tout le monde sait, enfin, que l'évêque doit, à périodes fixes, se transporter à Rome personnellement, ou par un de ses délégués, et rendre compte au Souverain Pontife de l'état de son Eglise. C'est ce que l'on appelle la visite *ad limina apostolorum*. Ne faut-il pas, en effet, que celui auquel Jésus-Christ a confié le soin de ses ouailles soit mis au courant de leurs intérêts spirituels ? Ne faut-il pas qu'il puisse avertir les pasteurs subordonnés, leur donner les instructions en vue du bien de tout le troupeau ? Rien de plus important à l'unité de l'Eglise, et rien de plus recommandé par les saints canons que ces relations personnelles des évêques avec le Pontife de Rome. La discipline a pu changer dans les détails pour le temps et le mode de cette visite ; mais le principe est resté invariable, et, depuis que la paix a été rendue à l'Eglise après les persécutions, l'histoire ecclésiastique nous montre sans cesse les métropolitains et leurs suffragants venant s'éclairer et se fortifier auprès de leur chef.

Mais les Organiques sont là. En vertu de l'article 20, la loi de la résidence est imposée aux évêques de telle sorte qu'ils ne puissent sortir de leur diocèse sans la permission du Premier Consul.

Rendant ainsi impossibles les rapports avec le Saint-Siége, les Organiques devaient constituer l'Eglise de France en dehors de toute action du Pontife Romain, ou du moins renfermer son intervention dans les plus étroites limites. Et telle est bien leur tendance manifeste.

D'après l'article 9, l'exercice du culte est confié à « la direction des archevêques et des évêques dans leurs diocèses, et à celles des curés dans leurs paroisses ; » du

Pape il n'en est pas question. On dirait qu'un des priviléges de l'Eglise de France soit d'être soustraite à la direction du vicaire de Jésus-Christ. Nous ne parlons pas de
cette absurdité qui met sur le même pied le curé en sa
paroisse et l'évêque dans son diocèse.

Et dans l'institution et la consécration des évêques que de
brèches faites à l'autorité du Pontife Romain ? Le Concordat
accordait, sans doute, au prince temporel la nomination des
évêques, mais en réservant au Pape le droit inaliénable
d'instituer les pasteurs, et, par conséquent, d'examiner les
sujets présentés. La forme d'examen a été déterminée par le
Concile de Trente et les bulles pontificales. Mais le législateur laïque, ne tenant aucun compte de ces lois, établit
de son autorité privée un nouveau mode d'information aussi
contraire à la législation canonique qu'aux anciennes coutumes de l'Eglise gallicane. D'après l'article 13, l'élu
devra « rapporter une attestation de bonne vie et mœurs
expédiée par l'évêque dans le diocèse duquel ils auront
exercé les fonctions du ministère ecclésiastique, et ils
seront examinés sur leur doctrine par un évêque et deux
prêtres qui seront commis par le Premier Consul, lesquels,
adresseront le résultat de leur examen aux conseillers
d'Etat chargés de toutes les affaires concernant les cultes. »

Si le but de l'enquête ordonnée par cet article était seulement de fixer le choix du gouvernement, on pourrait
encore le tolérer ; mais n'a-t-il pas pour résultat évident de
forcer celui-ci à donner l'institution canonique aux sujets
examinés et présentés par le pouvoir civil ? Aussi cet article est un de ceux contre lequel protesta plus particu-
lièrement le cardinal légat, et aussi l'un de ceux qui
furent abrogés par décret impérial. Mais l'article existe
toujours comme une menace, s'il est vrai qu'un décret du
pouvoir exécutif n'annule pas un article de loi.

Autre atteinte à l'autorité pontificale. L'article 13 ordonne
que l'évêque soit consacré par le métropolitain, et à son
défaut, par le plus ancien suffragant de l'*arrondissement
métropolitain* (un canoniste aurait dit de la province). Mais
dans le droit actuel, celui qui était en vigueur en France
même avant la Révolution, le droit de consécration est
réservé au Pape. Celui-ci a coutume de déléguer par bulle
cette fonction à tel prélat qu'il lui plaît de désigner ; le
plus souvent il laisse à l'élu le pouvoir de choisir lui-même
son consécrateur. L'auteur des Organiques a cru peut-être
rentrer dans l'ancien droit, qui réservait au métropolitain
le privilége de consacrer ses suffragants. Mais là encore il
s'est trompé, car si l'archevêque renonçait à cet honneur,
ce n'était pas au plus ancien des évêques de la province

qu'en revenait le droit, mais à celui qu'avait désigné le métropolitain.

L'article 15, dans ses deux lignes, viole en une multitude de points, et des plus importants, les règles canoniques et les droits du Siége Apostolique. « Ils (les archevêques) connaîtront des réclamations et des plaintes portées contre la conduite et les décisions des évêques suffragants. »

La question du jugement des évêques et des appellations est l'une des plus importantes dans le droit canonique. L'archevêque a bien son tribunal, son officialité métropolitaine, qui connaît de certaines causes épiscopales, déterminées par le droit, et auquel en beaucoup de cas les fidèles peuvent faire appel des sentences portées par les officialités diocésaines. Mais au-dessus du tribunal du métropolitain est celui du Souverain-Pontife, auquel on a toujours droit de déférer soit immédiatement, soit en appel toute cause ecclésiastique. De plus, le droit canon réserve au Pape les causes majeures, au nombre desquelles sont les procès en matière criminelle contre les évêques.

Or, contrairement à ces règles, le législateur français investit le métropolitain du droit illimité de juger la conduite et l'administration des suffragants ; et il ne fait aucune mention du droit qu'ont les fidèles de déférer les causes directement au Pontife Romain, ou d'en appeler à lui des décisions du métropolitain.

Mais si les parties sont ou se croient lésées par la sentence de l'archevêque, quels recours leur laissent les Organiques ? Nous n'en voyons pas d'autres que celui du Conseil d'Etat, avec sa juridiction en matière d'abus, c'est-à-dire l'omnipotence du gouvernement dans les questions purement spirituelles.

Une autre atteinte est encore portée aux droits du Saint-Siége en matière spirituelle par l'article 10. « Tout privilége portant exemption ou attribution de la juridiction épiscopale est aboli. » L'ancienne Eglise gallicane avec ses préjugés contre les droits du Saint-Siége et son antipathie contre les exemptions, n'avait pas porté l'audace jusqu'à refuser au Souverain Pontife le droit de se réserver la juridiction immédiate sur telle partie du territoire ou de la communauté chrétienne. Le principe des exemptions avait survécu aux disputes séculaires entre le clergé séculier et le clergé régulier. Qui pourrait, en effet, refuser au Pape, pasteur suprême de l'Eglise, le droit d'exercer son autorité immédiate sur une partie de son troupeau ? Mais à ce droit divin les Organiques opposent le *veto* de l'Etat, et déclarent nuls les pouvoirs spirituels donnés immédiatement par le Pape sans le concours des évêques.

Destructif des droits du Siége Apostolique, et contraires aux premiers principes de la loi canonique, les articles organiques ne sont pas plus respectueux du droit canon en ce qui regarde l'administration diocésaine et les droits et les devoirs de l'épiscopat.

Quelles prescriptions plus formelles dans le droit canon que l'obligation pour les évêques de se rendre au Concile général, quand ils y sont convoqués par le Pape ; ou de se réunir en conciles provinciaux tous les trois ans et d'assembler chaque année leur synode diocésain ? Grâce à ces réunions de l'épiscopat et du clergé, les abus se corrigent, et le peuple tout entier se maintient dans la pratique des vertus chrétiennes.

Mais sous le régime des Organiques, ces assemblées ne peuvent se tenir que sous le bon plaisir du gouvernement (art. 4 et 20). Il sera donc permis aux francs-maçons, aux anticléricaux, aux démocrates, à tous les industriels de se réunir en congrès quand bon leur semblera ; mais défense aux évêques et à leurs prêtres de se retrouver quelques jours ensemble pour conférer du bien spirituel de leurs ouailles. Telle est la liberté de conscience que nous octroie la démocratie moderne.

Opposition entre les lois canoniques et les Organiques en ce qui concerne le gouvernement du diocèse dans les points les plus importants. C'est d'abord la formation des jeunes clercs, leur promotion aux ordres sacrés et l'organisation des séminaires.

Il était stipulé par le Concordat que les évêques pourraient établir des séminaires à leur gré, sans que le gouvernement s'engageât à les doter. L'article 15 des Organiques défend de le faire sans l'autorisation du gouvernement. L'organisation de ces écoles ecclésiastiques et leur règlement n'est pas livré par l'Eglise à l'arbitraire des évêques. Le Concile de Trente, dans un décret célèbre, pourvoit à l'administration temporelle et spirituelle des séminaires. Ce décret, peu observé en France, en raison des conditions exceptionnelles dans lesquelles nous vivons, conserve cependant force de loi ; et le jour où le retour au droit commun deviendra possible, nul doute que l'épiscopat ne se hâte de conformer sa conduite aux prescriptions du grand Concile. Mais le législateur civil, de sa propre autorité, confère aux évêques le droit non-seulement d'organiser leurs séminaires, mais de leur donner leur règlement, à la condition de les soumettre à l'approbation du Premier Consul (art. 23).

Les Organiques s'ingèrent dans les questions même d'enseignement, car, par l'article 24, il exige des professeurs des séminaires un acte authentique d'adhésion à la déclaration du clergé de 1682, et il leur impose l'obligation de l'enseigner aux élèves du sanctuaire ; il semble même que, pour le législateur français, c'est le point capital de l'enseignement théologique des séminaires.

Mais, depuis l'an 1802, les choses ont marché. Le Concile du Vatican a prononcé, et, par suite de sa définition, la doctrine des quatre articles n'est rien moins qu'hérétique. Faudra-t-il qu'en vertu d'une loi existante les évêques fassent enseigner l'hérésie dans leurs écoles cléricales ? Nous avons entendu plus d'un orateur de nos Assemblées législatives ne pas reculer devant cette conséquence.

Quelques-unes des dispositions qui suivent ressemblent à celles du droit commun, et peut-être le législateur a-t-il cru reproduire en abrégé les prescriptions mêmes de l'Eglise sur ces matières. Mais, hélas ! ce procédé de simplification qui a présidé à la confection du Code civil, appliqué à la jurisprudence ecclésiastique, a produit d'étranges résultats.

Nous citons l'article 26 ; la comparaison entre ces ordonnances du pouvoir laïque et la loi édictée par la puissance ecclésiastique, donnera un exemple de l'incohérence qui règne dans tout ce code imposé aux catholiques de France.

Article 26 : « Ils (les évêques) ne pourront ordonner aucun ecclésiastique s'il ne justifie d'une propriété produisant au moins un revenu annuel de 300 francs ; s'il n'a atteint l'âge de vingt-cinq ans, et s'il ne réunit les qualités requises par les canons reçus en France. »

Il est regrettable d'abord que le législateur français n'ait pas précisé davantage et dit quelles sont les qualités requises par les canons reçus en France, et qui ne soient exigées en tout autre pays de la chrétienté. Mais passons ce paragraphe final ; et voyons ce qui concerne le titre clérical et l'âge d'ordination.

L'Eglise exige du clerc qui doit être promu aux ordres sacrés un titre clérical qui lui assure dans l'avenir des ressources modestes, mais suffisantes pour un honnête entretien ; elle ne veut pas que le prêtre soit un jour exposé aux privations extrêmes de l'indigence. Mais elle ne demande ce titre que pour le sous-diaconat. La loi organique, si l'on prend le texte dans la rigueur des termes, l'exige avant toute promotion aux saints ordres. Le simple tonsuré n'en serait même pas exempté. L'Eglise en dispense quand la nécessité du diocèse le demande, ou quand le sujet promu appartient à un ordre régulier ayant vœu solennel de pauvreté, et en plusieurs autres cas qu'il est inutile d'énumérer. La loi organique en fait une condition absolue. La loi canonique n'admet le titre patrimonial qu'à défaut de bénéfice ecclésiastique ; la loi française fixe irrévocablement ce genre de titre clérical. De plus, elle l'établit nécessairement sur une propriété ; tandis que l'Eglise

accepte également une pension, pourvu qu'elle soit as-
surée. Le droit canon ne fixe pas un revenu déterminé,
mais il laisse à l'appréciation de l'évêque et de son synode
le taux du titre clérical nécessaire à une honnête subsis-
tance. C'est qu'en effet cette somme peut varier d'un pays
à l'autre, même sur le territoire d'un même royaume. La
loi organique fait passer sous le même niveau l'enfant du
Nord et l'enfant du Midi.

Ce même article n'altère pas moins les lois ecclésiastiques en ce qui regarde l'âge requis pour recevoir les
ordres. Il défend d'ordonner personne qui n'ait atteint l'âge
de vingt-cinq ans, et ne fait aucune distinction entre les
différents ordres. Donc, d'après le texte de la loi, nul ne
sera promu, même à la tonsure, avant les vingt-cinq ans
accomplis.

Or, la loi canonique admet à ce premier degré de la clé-
ricature les enfants dès qu'ils ont l'âge de raison, c'est-à-
dire sept ans; nul âge n'est fixé pour les ordres mineurs :
vingt-un, vingt-deux et vingt-quatre ans suffisent pour
être promu au sous-diaconat, au diaconat et à la prêtrise,
sans compter les dispenses d'âge que peut toujours accorder le Saint-Siége.

C'est ainsi qu'en chacun presque de ces articles, la loi
organique du Concordat est opposée formellement à la loi
canonique en ce qui regarde les séminaires, la formation
du jeune clergé et la promotion aux saints ordres (1). Est-
elle plus conforme au droit ecclésiastique quand elle touche
aux chapitres des églises cathédrales.

D'abord, en dépit de l'article 11 du Concordat, elle fait
dépendre l'érection des chapitres des cathédrales du consentement de l'Etat (art. 11). — Puis, au mépris de toutes
les règles canoniques, elle les dépouille de leur principale
prérogative, celle de pourvoir à l'administration diocésaine pendant la vacance du siége (art. 36). De son autorité privée, le législateur civil confère ce droit au métropolitain; et pareillement il maintient en leur juridiction
les vicaires généraux de l'ancien évêque jusqu'à son remplacement. Comme si le métropolitain pouvait, en vertu
d'une délégation du prince temporel, exercer et communiquer une juridiction spirituelle sur un territoire qui n'est

______

(1) L'article 26 a été, il est vrai, rapporté par le décret du 28 février
1810, en ce qui concerne le titre clérical et l'âge de l'ordination. Mais la
correction a laissé subsister plusieurs dispositions anticanoniques. Elle
exige encore, contrairement aux canons, l'âge de vingt-deux ans accomplis pour la réception des ordres, et elle y ajoute l'obligation du consentement formel des parents, si l'ordinand n'a pas atteint l'âge de
vingt-cinq ans.

pas le sien ! Comme si d'après tous les principes du droit canon, le pouvoir du vicaire ne cessait point de plein droit en même temps que celui de l'Ordinaire privé de son église de quelque manière que ce soit, par la mort, la démission ou la translation sur un autre siége ! Et si l'on mettait en pratique cet article 11 des Organiques, en vertu de quel droit le vicaire de l'évêque défunt continuerait-il à exercer ces fonctions? L'Eglise lui retire tous ses pouvoirs spirituels ; il ne reste donc que la délégation que lui donne la puissance séculière.

Outre ces dispositions anticanoniques, nous pourrions faire ressortir l'incohérence de cet article 36 et les prescriptions contradictoires qu'il renferme. D'un côté, le métropolitain doit pourvoir à l'administration du siége vacant, sans doute en nommant les vicaires qui en sont chargés ; de l'autre, les vicaires généraux de l'ancien évêque continuent leurs fonctions jusqu'à son remplacement. Comment accorder ces deux paragraphes? A moins qu'il ne s'agisse du remplacement provisoire de l'évêque défunt par les vicaires nommés par le métropolitain. Ainsi l'expliquait Portalis dans son rapport du cinquième jour complémentaire. Mais cette explication admise, pouvait-on plus mal rédiger un texte de loi?

Dans ce même rapport, Portalis cherchait à justifier cet article, d'un côté par le droit commun qui, en cas de négligence de la part du chapitre, charge le métropolitain de nommer les vicaires capitulaires, de l'autre parce que les chapitres n'existaient pas en France. Et cependant l'article 36 prescrit aux chapitres cathédraux de faire connaître immédiatement au gouvernement les mesures prises pour l'administration du diocèse pendant la vacance. Conçoit-on rien de plus incohérent? Et puis, dans le cas où il n'existerait pas de chapitres cathédraux, ce ne serait pas au métropolitain que reviendrait l'administration du diocèse, mais à celui que le Saint-Siége aurait délégué à cet effet, ou qui aurait été choisi selon la forme prescrite par le Pape, car le droit n'attribue au métropolitain d'autre pouvoir que celui de suppléer le chapitre coupable de négligence. C'est une peine infligée à celui-ci, tout aussi bien qu'une mesure nécessaire pour le bien des fidèles. En vertu de quelle autorité le législateur séculier étend-il cette fonction du métropolitain au delà des cas prévus par la loi canonique?

Il est vrai que l'article 36 a été rapporté, grâce aux insistances de l'épiscopat, par le décret du 28 février 1810. Mais, encore ici, nous répondrons : la loi n'est pas abrogée par un simple décret; elle existe donc. Qui empêchera un pouvoir hostile de la faire revivre?

Et l'institution paroissiale est-elle mieux respectée par les Organiques? Le droit commun ignore la distinction des paroisses en cures et en succursales, et celles des curés en curés inamovibles et en desservants révocables à la volonté de l'évêque. D'après les lois du Concile de Trente, tout le territoire d'un diocèse doit être partagé en paroisses, et à la tête de chaque paroisse doit être placé un curé perpétuel. L'inamovibilité était la condition exceptionnelle de certaines cures unies à des monastères ou à des chapitres. De plus, par décret du même Concile, les cures devaient être données au concours.

Cette organisation régulière des paroisses disparaît sous le régime nouveau. Les Organiques créent deux sortes de paroisses : les cures et les succursales; deux sortes de curés : les curés proprement dits et ceux qu'ils nomment très improprement desservants; ils attribuent aux évêques le droit absolu de nomination sans plus faire mention du concours. A une classe de curés ils confèrent l'inamovibilité, ils font les autres révocables au gré de l'évêque; enfin, ils établissent une hiérarchie spirituelle inconnue au droit commun, en ordonnant que les succursalistes exerceront les fonctions paroissiales sous la direction des curés proprement dits.

Quel a été l'inspirateur de cette mesure étrange et si contraire au droit canon? Nous l'ignorons. Il est certain que l'épiscopat n'a pas été consulté; nous avons peine à croire que le Saint-Siége y soit intervenu, lui qui ne fut en rien consulté pour les articles organiques. Nous croyons plutôt à une transaction entre l'Etat et quelques ecclésiastiques influents qui, voyant le gouvernement résolu à restreindre outre mesure le nombre des paroisses, suggérèrent cet étrange moyen pour multiplier les centres religieux.

Cette discipline a prévalu aujourd'hui en France. Sans l'avoir jamais formellement approuvée, le Saint-Siége l'a tolérée; il a même défendu de la modifier jusqu'à nouvel ordre. On doit donc la respecter comme une nécessité des temps. Mais il est bien permis de faire remarquer combien elle est contraire au droit commun, et de rappeler que, si elle fait parfois une position pénible au clergé du second ordre, ce n'est ni l'Eglise, ni l'épiscopat qui en sont responsables, mais l'autorité civile avec sa manie de changer à son gré les lois si sagement établies par les Papes et les Conciles. C'est ce que ne devraient pas ignorer ces amis hypocrites du bas clergé, comme ils disent, quand, pour semer la zizanie entre les prêtres et leurs évêques, ils promettent aux premiers le rétablissement de l'inamovibilité. Qu'ils abolissent les Organiques, qu'ils laissent

l'Eglise de France revenir au droit commun, sauf les priviléges, formellement stipulés par le Concordat, et l'on
verra bientôt rétablir l'inamovibilité, non telle que la
rêvent les ennemis de l'Eglise, mais telle qu'elle a été
établie par les canons, véritablement avantageuse aux curés
sans devenir une menace contre l'autorité des évêques (1).

Les Organiques violent encore les lois canoniques relatives à l'administration diocésaine, quand, en dehors des
séminaires et des chapitres, elles suppriment tout autre
établissement ecclésiastique; par conséquent, les con-
fréries, les colléges, les hospices, les orphelinats et tant
d'autres établissements destinés au bien des pauvres et
des affligés et que l'Eglise a toujours librement fondés
(art. 12.)

Nous aurions beaucoup d'autres points à signaler : l'inva-
sion du pouvoir séculier dans les détails les plus intimes de
la vie chrétienne, comme les offices, les prières liturgiques,
les publications du prône, les prédications, le catéchisme,
le costume ecclésiastique, les ornements sacrés, etc., car
les articles organiques touchent à tous ces points, substi-
tuant toujours les conceptions particulières du législateur
aux sages règles établies par l'Eglise. Mais ce travail nous
entraînerait trop loin; contentons-nous de signaler encore
deux autres points de la plus haute importance et sur lesquels les Organiques sont en opposition formelle, non-seulement avec la loi canonique, mais avec la loi divine. Ce
sont les questions des ordres religieux et de la propriété
ecclésiastique.

Pour ce qui regarde la vie religieuse, aucun catholique
n'ignore qe'elle fait partie essentielle de l'Evangile. Jésus-
Christ ne l'impose à personne, mais il y invite bien
des âmes. *Si vous voulez être parfait, allez, vendez ce
que vous avez, donnez-le aux pauvres et suivez-moi.* On
n'effacera pas ces paroles de l'Evangile, et, par conséquent, nul pouvoir humain n'aura droit d'empêcher les
fidèles de répondre à l'invitation de Jésus-Christ. Mais cette
vie parfaite prend une forme sociale, soumise à l'approbation de l'Eglise seule. De là toute une partie du droit canonique, et, non la moins importante, qui regarde les
réguliers. Or, les Organiques, en supprimant d'une manière générale tout établissement ecclésiastique autre que

---

(1) La question de l'inamovibilité est à l'ordre du jour dans les régions parlementaires. Nous y reviéndrons, car c'est l'une des plus importantes en ce qui concerne les rapports de l'Eglise et de l'Etat. Pour le
moment il nous suffit de dire qu'il y a tout un abîme entre les projets de
nos législateurs et les lois canoniques qui assurent aux curés la possession perpétuelle de leur église.

les chapitres et les séminaires, aussi bien qu'en supprimant les exemptions, détruisent toute cette partie de la législation de l'Eglise (art. 10, 11).

Vient enfin la question des biens ecclésiastiques. Le droit de propriété est essentiel à l'Eglise. Dans l'exercice de ce droit elle doit sans doute tenir compte des droits de participation et de l'intérêt public. Mais partout où ces intérêts ne sont pas véritablement en cause, il n'est pas permis d'imposer des limites à la possession ecclésiastique, ni au mode d'administration particulière; car l'Eglise n'est pas en tutelle. Voilà en résumé le principe de la législation canonique touchant la propriété temporelle. Aussi dans le Concordat, le Pape, tout en faisant l'abandon généreux des biens aliénés, réservait-il pour l'Eglise de France le droit d'acquérir de nouveaux biens, nécessaires à l'entretien des œuvres ecclésiastiques et à celui du clergé.

Or, ce droit inaliénable de l'Eglise est encore foulé aux pieds par l'auteur des Organiques. Sans parler des restitutions très incomplètes des biens injustement usurpés par la Révolution, les Organiques prohibent absolument le rétablissement des bénéfices ecclésiastiques (art. 79). Quant aux fondations ayant pour objet l'entretien du clergé et l'exercice du culte, elles sont soumises à deux conditions : qu'elles soient autorisées par le gouvernement et qu'elles consistent uniquement en rentes constituées sur l'Etat (art. 73). Etait-ce ainsi que le comprenait le gouvernement pontifical quand il acceptait l'article 15 du Concordat. « Le gouvernement prendra des mesures pour que les catholiques français puissent, s'ils le veulent, faire en faveur des églises des fondations ? »

V. — Tels sont les articles organiques, toujours la contradiction avec la loi canonique. Le Souverain Pontife, ses représentants, l'épiscopat et tous les catholiques n'ont-ils pas droit de protester contre cette législation oppressive ? Portalis s'est efforcé de justifier cette œuvre, qui était en grande partie la sienne. Son argument principal, celui qu'invoquent encore de nos jours les défenseurs des Organiques, c'est le droit traditionnel de l'Eglise de France, ce qu'ils appellent les libertés de l'Eglise gallicane. Le jurisconsulte impérial, en effet, dans ses notes sur chacun de ces articles, en appelle toujours à la jurisprudence de l'ancienne monarchie, pour y trouver quelque ordonnance royale, légitimant les dispositions du nouveau Code ; il voudrait ainsi atténuer cette continuelle opposition aux lois canoniques, et en rendre responsable nos vieilles institutions.

Impossible de suivre en détail son argumentation. Nous nous contenterons de trois observations qui renversent tout cet échafaudage. C'est d'abord que les usurpations des anciens pouvoirs ne légitiment pas celles des nouveaux. Si l'ancienne royauté est tombée, il nous est bien permis d'y voir une punition providentielle de ses torts envers l'Eglise. Depuis Philippe-le-Bel, ne voyons-nous pas les monarques, poussés par les parlements, travailler sans cesse à soumettre le spirituel au temporel ? L'Eglise n'a jamais reconnu cet état de choses. Elle a subi ce qu'elle ne pouvait pas empêcher, mais elle a assez protesté pour arrêter toute prescription légitime. Ces monarques aveuglés ou faibles n'ont pas fait droit à ces réclamations. Dieu les a punis. Mais leurs fautes ne légitiment pas celles des gouvernements qui leur ont succédé.

En second lieu, nous nions toute comparaison en notre condition actuelle et celle de la société ancienne. Sous l'ancien régime, la religion était religion d'Etat ; les lois disciplinaires des Conciles et même des Papes entraient dans le corps du droit public. Il y avait donc des raisons plus ou moins plausibles pour le prince de prétendre au contrôle de ces décrets. Aujourd'hui, nous sommes sous le régime de la liberté de conscience, l'Etat se borne à prêter son appui à l'Eglise comme à toute association honnête. Qu'il prétende pouvoir empêcher les ministres de l'Eglise de compromettre l'ordre public, c'est la conséquence logique de la position qu'il prend envers elle, et le Concordat, dans son article premier, accepte cette position. Mais de là à contrôler toute la loi ecclésiastique et imposer même à l'Eglise un cours complet de législation, il existe un abîme. Sauf les mesures véritablement nécessaires au maintien de la tranquillité publique, l'Etat n'a aucun droit sur l'Eglise. Il ne peut donc soumettre à son examen les dogmes, les lois et les pratiques de la société religieuse.

Et qu'on ne dise pas, comme aiment tant à le répéter les adversaires du catholicisme, que l'Etat salariant l'Eglise a droit de la surveiller. On a réfuté assez souvent ce sophisme ; on a répété à satiété que l'Eglise n'est pas la salariée de l'Etat, mais sa créancière. Le paiement d'une indemnité bien légère en comparaison d'une immense spoliation, ne fait pas de l'Eglise la pupille et la subordonnée de l'Etat. Même sous le régime du budget des cultes, elle conserve toute son indépendance juridique.

Ajoutons enfin que les articles organiques ne sont pas la simple reproduction des anciennes libertés de l'Eglise gallicane, ces prétendues libertés que Fleury lui-même appelait ses servitudes. Pithou a été largement dépassé par l'auteur des Organiques ; les anciennes ordonnances de Blois, d'Orléans ou de Melun, les édits de Louis XIV, les arrêts des parlements sont loin d'imposer à l'Eglise ces mesures oppressives sous lesquelles étoufferait la liberté religieuse, si le bon sens public n'en avait empêché la rigoureuse exécution.

Nous le demandons maintenant à tout homme impartial. L'Eglise peut-elle accepter comme des lois véritables, digne du respect des peuples et obligatoires pour la conscience ces prescriptions d'un pouvoir incompétent, envahissant le domaine de la religion ; prescriptions presque toutes opposées à quelqu'une des lois divines ou ecclésiastiques ? N'est-ce pas un devoir pour le Pape et pour les évêques de protester sans cesse contre ces articles et d'en réclamer l'abolition ?

Et lorsque de temps en temps nous entendons nos orateurs parlementaires accuser l'épiscopat, de violer la loi parce qu'il se refuse à regarder les Organiques comme des lois véritables, n'est-on pas tenté de croire que ces dénonciateurs du clergé n'ont pas la moindre notion de ces prétendues lois dont ils viennent avec tant d'impudence réclamer l'exécution ?

Les articles organiques sont donc contraires aux règles de la diplomatie ; ils sont en opposition constante avec les lois qui régissent l'Eglise. Reste à voir si même au point de vue légal, ils ont les conditions nécessaires pour figurer au *Bulletin des lois.*

---

§ III.

Valeur des Articles organiques au point de vue du Droit civil.

Montalembert disait un jour à la Chambre des Pairs : « Nous ne la reconnaissons pas (la loi du 18 germinal, an x) comme loi ; nous en poursuivons la réforme et l'abrogation par tous les moyens légaux et possibles. » Le grand orateur était l'interprète de tous les catholiques éclairés. Les articles organiques ne sont pas seulement une violation du droit des gens et du droit canonique, ils sont dépourvus du caractère essentiel à la loi véritable, et comme tels indignes de figurer au *Bulletin des lois.*

Cette thèse fut portée plusieurs fois à la tribune de nos assemblées. Nous avons vu en quels termes énergiques la posait Montalembert. Sous la monarchie de Juillet, Dupin s'en déclara l'adversaire. Sous le second Empire, la question fut l'objet d'une discussion nouvelle. L'archevêque de Paris, Mgr Darboy, combattait les articles organiques au nom de la légalité constitutionnelle; le président Bonjean, sénateur, et le commissaire du gouvernement, M. Thuillier, du Conseil d'Etat, soutenaient la thèse contraire. En dehors des discussions politiques, la question de légalité avait été savamment traitée par Mgr Sibour, alors évêque de Digne, dans une lettre adressée à Mgr Affre, archevêque de Paris, auquel il devait succéder un jour.

Ces débats ont été recueillis et résumés par M. le chanoine Hébrard, dans son savant ouvrage plusieurs fois cité par nous. Belle controverse, pleine d'actualité et d'une importance capitale. Car il faut bien savoir si ces articles organiques, qu'on ne cesse d'opposer à l'Eglise, et qu'on fait peser sur elle comme un joug de fer, sont vraiment revêtus des caractères qui distinguent les lois véritables.

En rentrant dans cette controverse, nous ne cédons à aucune illusion. Nous savons que tant que la France gémira sous le joug d'hommes hostiles à la religion, les articles organiques resteront l'arme légale dont ils se serviront pour asservir l'Eglise; loin d'en retrancher un iota, ils aggraveront celles de leurs prescriptions qui laissent un peu de liberté au catholicisme. Mais les temps changent, Dieu ne livre pas pour toujours une nation aux persécuteurs de la foi. Dans sa miséricorde, il ramène des jours plus sereins après les jours de tempête. Quand reviendront ces temps meilleurs, il ne sera pas inutile de connaître sur quels fondements reposent ces institutions néfastes contre lesquelles, depuis plus d'un siècle, se débat l'Eglise de Jésus-Christ.

Pour qu'une prescription du pouvoir suprême prenne rang parmi les lois, il ne suffit pas qu'elle en porte le titre; elle doit en avoir les caractères essentiels, sans quoi nous pourrons avoir une apparence de loi, nous n'en aurons pas la réalité. Ces conditions sont déterminées par la nature même des choses, et par les constitutions particulières des sociétés.

Or, nous disons que les Organiques manquent en beaucoup de points des caractères essentiels qui font la véritable loi. Leur vice radical est d'émaner d'un pouvoir incompétent, d'être en opposition avec les principes constitutifs de la société moderne, d'être d'une exécution impossible, et d'avoir été votés sans délibération, sans connaissance de cause de la part des législateurs. Aussi, n'ont-ils jamais été regardés, même par leurs auteurs, comme des lois proprement dites, mais plutôt comme des règle-

ments de police, dépendant du seul pouvoir exécutif pour
leur maintien, leur abrogation et leur application.

I. — Les articles organiques sont d'abord l'œuvre d'un
pouvoir incompétent. Proposition évidente si l'on considère
d'un côté l'objet de ces prétendues lois, de l'autre la nature
du pouvoir qui les a portées.

L'objet des Organiques n'est pas seulement de déterminer
les rapports extérieurs de l'Eglise avec la société temporelle.
Renfermés dans ces limites, ils trouveraient peut-être leur
justification dans les principes de la politique moderne
touchant l'indépendance absolue et la suprématie de l'Etat
en ce qui concerne les intérêts temporels. On concevrait
que le magistrat civil se tînt en garde contre les empiétements chimériques du pouvoir spirituel, et leur opposât
la barrière de ses lois et de ses décrets.

Mais là ne se bornent pas les Organiques. Ils ne s'arrêtent
pas même à définir les droits plus ou moins réels de l'Etat
sur les objets mixtes, ceux qui de leur nature touchent
également aux intérêts spirituels et aux intérêts temporels.
Ils atteignent souvent ce qu'il y a de plus intime dans la
vie de l'Eglise : la promulgation du dogme, la discipline
intérieure, les rapports du chef de la chrétienté avec les
fidèles, les devoirs des évêques et des prêtres, la liturgie,
la prédication, la célébration des saints offices, toutes les
institutions ecclésiastiques ; en un mot, ce qui regarde le
plus directement le gouvernement spirituel des chrétiens.
Nous ne nous arrêterons pas à prouver chacune de ces asser-
tions ; nous l'avons fait assez dans les paragraphes qui précèdent, en montrant l'opposition constante entre les lois
canoniques et les articles organiques.

Tous ces points appartiennent essentiellement à l'ordre
spirituel. Mais le pouvoir temporel a-t-il quelque droit sur
le spirituel? La distinction entre les deux puissances et
entre les deux ordres n'est-elle pas le dogme fondamental
de la société moderne? De quel droit donc le prince séculier se mêle-t-il de ce qui regarde uniquement la vie intérieure de l'Eglise ?

Cette incompétence, du reste, ressort des articles organiques eux-mêmes et du décret impérial du 25 février 1810.
L'article XXIV des Organiques ordonne l'enseignement dans
les séminaires de la déclaration du clergé de 1682 ; le décret
impérial prescrit que l'ordonnance de Louis XIV, relative
à cette même déclaration, ait force de loi dans toute l'é-
tendue de l'Empire. Or, quel était l'enseignement des
évêques de 1682? Reconnaissaient-ils à l'Etat quelque com-
pétence sur le gouvernement spirituel de l'Eglise? Sans
doute ils rejetaient la doctrine du pouvoir indirect du Pape

sur le temporel des rois ; il est vrai aussi qu'ils niaient la plénitude de la puissance pontificale en la faisant dépendre du Concile général et du corps des pasteurs dispersés ; erreur condamnée par le Concile du Vatican. Mais en ce qui regarde les relations mutuelles de l'Eglise et de l'Etat, la célèbre assemblée proclamait dans l'article second de la déclaration, « la plénitude de puissance que le Saint-Siége apostolique et les successeurs de saint Pierre, vicaires de Jésus-Christ, ont sur les choses spirituelles ; » — dans l'article troisième, les évêques ne posent d'autres bornes à l'autorité souveraine du Pontife Romain, en matière de discipline, que celles des saints canons ; et dans l'article quatrième, les définitions dogmatiques portées par le Pape ne sont assujetties qu'au consentement de l'Eglise. C'est bien à tort que les évêques de Louis XIV mettaient ainsi des restrictions à l'autorité spirituelle du chef supérieur des chrétiens ; mais loin de sacrifier l'indépendance de l'Eglise, en ce qui regarde son régime intérieur, ils la maintenaient dans son intégrité ; et Louis XIV, ce monarque si jaloux des droits de sa couronne, sanctionnait de son autorité royale la déclaration de l'assemblée. La déclaration se réduisait donc à trois points : indépendance de la couronne en matière de temporel ; indépendance de l'Eglise en matière de spirituel ; assujettissement du Pontife Romain au corps des pasteurs. »

Eh bien ! nous le demandons à tout homme de bonne foi, les articles organiques n'envahissent-ils pas sans cesse le domaine du spirituel ? Et d'après les principes mêmes du gallicanisme, dans son document officiel, le pouvoir séculier n'est-il pas incompétent en matière spirituelle ?

Nulles par vice d'incompétence de la part de leur auteur, les lois organiques le sont également en vertu de leur contradiction avec les principes fondamentaux des constitutions modernes. La base de la société française en fait de religion est la liberté de conscience, entraînant après elle la liberté des cultes, pourvu qu'ils ne portent pas atteinte à l'ordre public. Du reste, l'Etat n'est ni catholique, ni protestant, ni juif. Indifférent à toute forme des cultes religieux, il n'examine ni leurs croyances, ni leurs rites, ni leur discipline intérieure ; mais il protége tous ceux qui lui paraissent favoriser la moralité publique.

L'Eglise catholique est donc à ses yeux une vaste association constituée en dehors du gouvernement ; reconnue par lui comme honnête et utile à la société ; ayant par conséquent droit à sa protection, au même titre que les autres cultes qui ne nuisent pas à la société par des doctrines et des pratiques immorales. Il est vrai que l'Etat est chargé du budget des cultes et paye un traitement au clergé. Mais ce traitement n'est pas un salaire, quoiqu'en disent les orateurs de la démocratie. Ce que le prêtre catholique reçoit de l'Etat est une très minime indemnité en retour des injustes confiscations qu'il a subies sous le règne de la Révolution. Le traitement payé par l'Etat ne change donc rien à l'indépendance de l'Église. Telle est sa position officielle vis-à-vis du pouvoir séculier.

Celui-ci ne peut donc s'ingérer dans la discipline de l'Eglise sans méconnaître la liberté des cultes qui est le fondement de nos constitutions modernes. Et pourtant que d'invasions dans ce domaine fait l'Etat par les articles organiques? N'y a-t-il pas violation de la liberté religieuse quand le gouvernement soumet à son contrôle tous les actes de l'administration pontificale? Qu'importe au magistrat séculier le symbole de foi défini par le Chef supérieur de l'Eglise? Quoi de plus ridicule, de plus odieux, de plus contradictoire que de voir l'enseignement dogmatique du Pape soumis à l'examen des libres-penseurs du Conseil d'Etat? Et pourtant cet étrange spectacle fut donné par le gouvernement du second Empire. Depuis deux mois, Pie IX avait promulgué le dogme de l'Immaculée Conception; la croyance des fidèles était fixée : de splendides illuminations avaient témoigné de la foi et de l'allégresse du peuple chrétien. Et voilà qu'un décret du Conseil d'Etat permet, après deux mois d'examen, de publier la bulle de Pie IX ! Conçoit-on rien de plus ridicule ! Le gouvernement de Napoléon III se serait-il persuadé que pour croire à l'enseignement du Pape les catholiques français attendraient l'autorisation du pouvoir séculier? — Que devient donc la liberté religieuse, si les croyances, la discipline intérieure qui n'intéresse que les fidèles; si la liturgie, l'enseignement du catéchisme, tous les détails de la vie chrétienne sont soumis à l'approbation préalable du pouvoir civil?

Que devient la liberté individuelle en présence de cet article des Organiques qui défend d'avoir dans son domicile privé un oratoire et d'y faire célébrer les saints mystères? — Quelle liberté de conscience me laissent ces prescriptions qui ordonnent de ne célébrer le mariage religieux que sur l'attestation de l'officier civil certifiant que les époux ont au préalable contracté devant lui? Comme si le lien purement religieux et de conscience formé par le mariage ecclésiastique nuisait en rien aux effets civils de l'union conjugale? Il serait facile de multiplier les exemples et de démontrer combien toute la législation des Organiques est en opposition avec le principe de la liberté de conscience.

Cette contradiction entre les principes de la société moderne et les articles organiques a été parfaitement exposée dans un ouvrage dont nous n'approuvons pas toutes les doctrines, mais qui, au milieu de nombreuses inexactitudes, renferme de bonnes vérités. C'est le livre de M. Emile Ollivier : *l'Eglise et l'Etat au Concile du Vatican.* L'ancien ministre de l'Empire suit un à un tous les articles organiques, et montre combien ils sont contraires aux principes de la société contemporaine. Aussi sa thèse est-elle : « A l'égard des articles organiques, ma conclusion est : presque tous me paraissent à abroger. » (Tom. i., p. 121.)

Une troisième condition essentielle de la loi est qu'elle soit possible dans l'exécution. Insensé le législateur qui ordonne l'impossible. Or dans la série des Organiques, combien qui ne peuvent être mis en pratique? Citons quelques exemples. Comment le magistrat fera-il exécuter le premier article et empêchera-t-il les actes de la cour pontificale de recevoir leur application avant l'approbation du gouvernement?

Est-il en son pouvoir d'empêcher qu'une dispense de parenté octroyée par le Saint-Siége en matière de mariage, obtienne son effet? — Libre au gouvernement de ne reconnaître au légat, au nonce du Siége apostolique qu'une autorité diplomatique, comment empêchera-t-il que les faveurs spirituelles accordées par eux, ou les actes de juridiction faits en vertu de leur mission, ne soient valables? Les articles organiques suppriment toutes les exemptions de la juridiction épiscopale. L'Etat peut-il, de quelque manière que ce soit, même par la violence, supprimer les exemptions? Il a bien pu à jour fixe, envoyer ses crocheteurs enfoncer toutes les portes des couvents de France et disperser les religieux ; mais en franchissant le seuil de leurs monastères, les religieux conservaient toutes leurs immunités, et pas plus dans l'état de dispersion que dans celui de communauté, ils ne sont assujettis à la juridiction de l'évêque. L'Etat aura beau faire des articles organiques, l'évêque n'aura pas le droit d'absoudre en confession un religieux, ou d'approuver un de ses prêtres pour ce ministère.

Les articles organiques défendent également d'attribuer la juridiction épiscopale à ceux qui ne sont pas évêques. Par là serait supprimée la juridiction que le droit canonique attribue aux prélats réguliers. Croit-on que ce pouvoir du supérieur religieux n'existe pas en France?

Nous pourrions multiplier les exemples et montrer comment les Organiques se heurtent à chaque pas contre des impossibilités absolues. — Ils se heurtent également contre des impossibilités morales, et périssent sous le ridicule.

Par exemple l'article liii donne au gouvernement le droit d'ordonner dans les églises des publications étrangères au culte. Le premier Empire usa largement de cette

prérogative. Les malheureux curés étaient obligés de lire
en chaire, dans la chaire de vérité, les bulletins menson-
gers de la grande armée. Une telle loi était-elle longtemps
praticable? Son auteur lui-même en comprit le ridicule et
cessa d'imposer ces étranges prédications.

De même l'article XLIII fixant le costume des ecclésiastiques : habit noir à la française, avec permission pour les
évêques d'y ajouter les bas violets et la croix pectorale. —
Qui ne rirait aujourd'hui s'il voyait son curé ou son évêque
habillé de cette façon? Cet article du reste fut promptement
retiré. Deux ans ne s'étaient pas écoulés que Napoléon,
par un décret spécial, ordonnait le port de l'habit ecclésiastique.

L'article XII veut que les archevêques et évêques se
fassent appeler *citoyen* ou *monsieur* ; il leur interdit toute
autre dénomination. Se figure-t-on, je ne dis pas un bon
catholique, mais un homme d'une politesse vulgaire, saluer
son pasteur du titre de *citoyen évêque*, ou même de *monsieur l'évêque*? La grossièreté républicaine supprime, il est
vrai des actes officiels, les qualifications de *Monseigneur*,
d'*Eminence* ; elle met en place *Monsieur l'Evêque*, *Monsieur le Cardinal*. La haine contre l'Eglise a bien pu pousser un de nos députés démocrates à la tribune pour repro-
cher au ministre d'avoir été poli envers les membres de
l'épiscopat ; et le ministre de la République n'a pas rougi
de faire amende honorable pour ce délit. Mais en dépit
des institutions républicaines, la politesse française ne
s'habituera pas à ces grossièretés de langage, et l'on con-
tinuera, malgré l'article XII des Organiques à saluer du
titre de Monseigneur le premier pasteur du diocèse.

Pourquoi multiplier les citations? Les articles organiques
ont paru si peu praticables à Napoléon lui-même qu'après
quelques années il entassa décrets sur décrets pour abroger ceux qui étaient le plus à charge à l'épiscopat ; et ceux
qu'il a laissé subsister sont pour la plupart abrogés par la
coutume contraire.

Incompétence de la part de leur auteur, contradiction
avec les principes constitutifs de la société moderne,
impossibilité dans l'exécution, c'est plus qu'il n'en faut
pour que les articles organiques soient frappés d'illégalité
radicale, et pour faire un devoir au premier pouvoir honnête qui gouvernera la France, de les effacer du *Bulletin
des lois*.

II. — Mais, dira-t-on, les articles organiques ont été votés
régulièrement par les assemblées législatives comme lois
de l'Etat. Il faut donc les subir, les respecter même à
l'égal des autres lois, jusqu'au jour où les Corps législatifs

les auront abrogés ou modifiés. Cette observation nous ramène aux origines des articles organiques. Nous devons rechercher si ces lois ont été votées avec les solennités accoutumées, ou même dans les conditions indispensables pour la validité d'un acte parlementaire.

En 1802, la France était régie par la Constitution de l'an VIII. Au Conseil d'Etat appartenait alors l'initiative des lois. Les projets faits et adoptés par lui étaient portés au Tribunat qui les votait après délibération. Du Tribunat ils passaient à l'Assemblée législative, étaient exposés et discutés par les orateurs du Tribunat et votés sans discussion par les membres de l'Assemblée. Car l'Assemblée législative était muette : son rôle se bornait à écouter et à donner son suffrage.

D'après cette constitution, le projet des lois organiques, après avoir été longuement élaboré par Portalis, fut soumis d'abord au Conseil d'Etat, puis au Tribunat, et approuvé par l'un et l'autre corps. Après ces deux épreuves, il arriva enfin devant les vrais législateurs, l'Assemblée élue par le peuple. Le 15 germinal an X, c'est-à-dire le 8 avril 1802, le projet fut déposé et expliqué par son auteur. Portalis exposait longuement dans son rapport les motifs qui avaient porté le gouvernement à traiter avec le Pape, et rendait compte, mais sommairement, des principales dispositions du projet. Trois jours après, le 18 germinal, le frère du Premier Consul, Lucien Bonaparte, venait avec Jaucourt, défendre le projet au nom du Tribunat. Puis, séance tenante, l'Assemblée vota par 228 voix contre 21, l'ensemble de la loi. En réalité, le suffrage des législateurs ne porte directement que sur le premier article de la loi, ordonnant que le Concordat et les articles organiques du culte catholique et des cultes protestants seraient considérés comme lois de la République.

Après cet exposé historique, une première question se présente : Peut-on, sous le régime constitutionnel, regarder comme une véritable loi celle qui n'a pas été étudiée, discutée et votée article par article, mais seulement par un vote d'ensemble? Il est certain que ce procédé est inusité, contraire à tous les usages parlementaires, et l'on peut bien mettre en doute sa légitimité. Mgr Darboy en tirait un argument contre le caractère légal des Organiques, et l'orateur du gouvernement éprouvait bien quelque embarras à répondre. Admettons cependant que les pouvoirs donnés par le peuple à ses mandataires aillent jusqu'à leur permettre de faire ainsi des lois en dehors de tous les usages constitutionnels; une autre question se présente d'une plus haute gravité, et qui touche aux prescriptions de la loi naturelle : Peut-on regarder comme une loi véritable celle qui a été portée hâtivement, sans connaissance de cause?

Le législateur, en portant sa loi, fait ce qu'on appelle acte humain. Il faut donc qu'il sache parfaitement quelle obligation il impose. De là, nécessité de présenter un projet assez à temps, pour que les membres des Corps législatifs puissent l'étudier sérieusement, qu'ils en connaissent tous les articles avec leurs avantages et leurs inconvénients, de là enfin, nécessité d'une discussion approfondie, dans laquelle on pèse soigneusement le pour et le contre. Car la loi n'est pas toute volonté imposée au hasard par le dépositaire de la puissance souveraine ; elle est, selon la belle définition de la scolastique, l'ordre de la raison promulgué pour le bien commun par celui qui a soin de la communauté.

Or, cette condition essentielle de validité a complétement fait défaut à l'acte législatif du 18 germinal. La loi comprenait un article préliminaire, les dix-sept articles du Concordat, les soixante-dix-sept articles organiques du culte catholique et les quarante-quatre des cultes protestants ; en tout cent trente-neuf articles de loi. La matière était des plus importantes ; il s'agissait des rapports intimes entre les deux sociétés, et de la discipline intérieure de l'Eglise. Ces questions enfin étaient étrangères à la plupart des membres de l'Assemblée : une longue étude préalable, une discussion sérieuse et prolongée étaient donc nécessaires pour que les législateurs pussent voter en connaissance de cause. Cette condition a-t-elle été remplie ? Nous l'avons vu ; trois jours ont séparé la présentation du projet et son vote ; deux séances seules ont été consacrées à son examen ; dans ces deux séances, on n'a entendu que l'auteur des articles organiques et les deux orateurs chargés officiellement par le Tribunat de soutenir le projet, et l'on a passé au vote

Nous le demandons à tout homme de bonne foi : y a-t-il eu étude sérieuse de la loi? Croit-on qu'un seul des législateurs de 1802 ait lu et approfondi les cent trente-neuf articles, qu'ils ont si rapidement transformés en lois de la République? En un mot, y a-t-il eu vote avec connaissance suffisante des graves obligations que l'on imposait à l'Eglise? La réponse n'est pas douteuse ; rien de sérieux dans cette opération législative, mais seulement un acte de complaisance accompli par ces députés, jaloux de plaire au ministre de qui dépendait leur position politique.

Que serait-ce si non-seulement ils ont voté sans connaître les lois qu'ils portaient, mais si de plus ils ont été trompés par le gouvernement sur la nature même du projet présenté? Eh bien ! quand on examine la discussion de ces fatales lois, on reste convaincu que le pouvoir d'alors a épuisé toutes ses habiletés pour tromper les députés sur la nature des articles organiques. Au lieu de les déposer comme l'œuvre exclusive du gouvernement français, Portalis, Lucien Bonaparte, Jaucourt et Napoléon lui-même, les ont présentés comme faisant partie de la convention conclue avec le Saint-Siége, comme un complément du Concordat, et comme tels ils ont été votés par l'Assemblée législative. C'est une grave accusation ; malheureusement la fraude n'est que trop prouvée par l'histoire de ces débats.

Le gouvernement et ses orateurs n'allèrent pas sans doute jusqu'à affirmer positivement que les Organiques faisaient partie du Concordat ; un mensonge aussi impudent aurait trop vite reçu son démenti. Mais il est des finesses de langage qui produisent le même effet que le mensonge, et les défenseurs des Organiques ne s'en firent pas faute.

« Le gouvernement français, disait Portalis, a traité avec le Pape, non comme souverain étranger, mais comme Chef de l'Eglise universelle, dont les catholiques de France font partie ; il a fixé avec ce Chef suprême le régime sous lequel les catholiques continueront à pratiquer leur culte en France. Tel est l'objet de la convention passée entre le gouvernement et Pie VII, et des articles organiques de cette convention. »

Pouvait-on plus habilement faire entendre que tout ce qui regardait l'exercice du culte en France, les articles organiques aussi bien que le Concordat, était réglé d'un commun accord entre le gouvernement et le Pape ? Et pour confirmer les députés dans cette croyance, Portalis ajoutait : « La convention avec le Pape et les articles organiques de cette convention participent à la nature des traités diplomatiques, c'est-à-dire à la nature d'un véritable contrat. » Mais si les articles organiques sont l'œuvre exclusive du gouvernement français, comment participeraient-ils à la nature des traités diplomatiques et des contrats ? Pouvait-on plus audacieusement induire l'assemblée en erreur sur l'origine et la nature des articles organiques ? Et les députés d'alors, qui n'étaient pas comme nous au courant des intrigues du gouvernement de Napoléon, pouvaient-ils éviter le piége tendu à leur bonne foi ?

Cette conclusion est tellement vraie, que Portalis, pour justifier la forme inusitée sous laquelle se présentaient les Organiques, déclarait que ni le Concordat, ni les articles organiques n'étaient matière à projet de loi. « Car, ajoutait-il, s'il appartient aux lois d'admettre ou de rejeter les divers cultes, les divers cultes ont par eux-mêmes une existence qu'ils ne peuvent tenir des lois, et dont l'origine n'est pas réputée prendre sa source dans les volontés humaines. »

Aveu précieux échappé au restaurateur du gallicanisme parlementaire ! L'Etat peut admettre ou rejeter un culte ; il ne peut rien sur son existence intérieure. De quel droit donc a-t-il porté ces articles organiques qui atteignent le culte catholique dans sa vie intime ? — Puis, si les articles organiques ne peuvent être un objet de loi, et que d'ailleurs ils ne soient pas l'œuvre de l'autorité ecclésiastique, quelle est leur autorité, leur valeur légale ? Pourquoi dans le premier article les déclare-t-on lois de la République ? Pourquoi depuis près d'un siècle les fait-on toujours valoir comme de véritables lois ? — Que de contradictions ! Mais de cette assertion de Portalis, il reste toujours acquis qu'on n'a pas présenté aux députés du Corps législatif ces articles comme un projet de loi soumis à leur sanction.

Aux paroles de Portalis, ajoutons l'aveu de son petit-fils, le vicomte Frédéric Portalis : « Les articles organiques, placés à la suite de la convention diplomatique, furent proposés comme ne formant qu'un tout avec elle. Le Conseil d'Etat les reçut sans examen ni discussion. Ils furent transmis de la même manière au Tribunat et au Corps législatif avec un projet de loi qui se bornait à ordonner leur promulgation et à les revêtir du commandement nécessaire pour les rendre exécutoires... Mais le langage tenu à cette occasion par le gouvernement était loin d'être explicite. Il avait intérêt à ne pas laisser pénétrer la nature du lien intime qui, dans sa pensée, unissait la convention diplomatique aux dispositions législatives, c'était de son habileté à éluder tout combat de tribune et toute controverse officielle, à éviter que toutes les oppositions ne vinssent débattre publiquement des questions périlleuses, dont la discussion pouvait compromettre ou détruire un accord indispensable, d'où dépendait le rétablissement du culte public en France. (*Coup d'œil rapide*, etc.) »

Le petit-fils de l'agent de Napoléon dévoile les finesses peu honnêtes du gouvernement pour extorquer un vote sans discussion. La tactique de Portalis fut aussi celle de Lucien Bonaparte. Dans son discours, plein d'éloges emphatiques à l'adresse du gouvernement, il rend ainsi compte des négociations avec le Saint-Siége : « Dans ces discussions, où de part et d'autre on avait à lutter contre tant de préjugés, les deux gouvernements ont apporté ce caractère de réserve et de modération qu'inspire seul l'amour de l'humanité, et qui dompte tous les obstacles. Le résultat de ces discussions a été également favorable aux intérêts de la République et à ceux de l'Eglise. Le Concordat réta-

E

blit tout ce qui est utile ; il écarte tout ce qui est superflu
et abusif ; il reconstitue la religion catholique, apostolique
et romaine dans la partie du clergé séculier nécessaire au
service public ; et il la dégage de toute cette armée monas-
tique, indépendante de l'épiscopat, souvent contraire à son
utile influence. La tenue des registres civils reste étrangère
à toutes les communions religieuses. » Et il poursuit ainsi
sans faire aucune distinction entre le Concordat et les articles organiques, et attribuant à l'accord des deux pouvoirs
maintes dispositions qui ne se trouvent que dans les Organiques.

Napoléon lui-même n'eut pas honte d'imiter la duplicité
de son conseiller d'Etat et de son frère. Il accompagna la
promulgation du Concordat et des articles organiques d'une
proclamation au peuple français. C'était un manifeste court,
serré, pompeux, tel que savait les faire le grand guerrier,
mêlant parfois l'impétuosité du soldat à la solennité du
rhéteur.

Malheureusement il y mêlait aussi l'astuce qui convient
si peu à la franchise du soldat. Nous en avons ici une
preuve frappante. « C'était, disait-il, au Souverain Pontife
que l'exemple des siècles et la raison commandaient de
recourir pour rapprocher les opinions et réconcilier les
cœurs. Le chef de l'Eglise a pesé dans sa sagesse et dans
l'intérêt de l'Eglise les propositions que l'intérêt de l'Etat
avait dictées ; sa voix s'est fait entendre aux pasteurs. Ce
qu'il approuve, le gouvernement l'a consenti et les législateurs en ont fait une loi de la République. »

Qui ne croirait en lisant ce passage que l'ensemble de la
loi ainsi promulguée ne soit l'œuvre combinée des deux
pouvoirs? Comme Portalis et Lucien Bonaparte, le Premier
Consul voulait donner le change et extorquer du peuple
une approbation du Concordat et des Organiques.

C'est donc un fait acquis à l'histoire, que les Organiques
ont été votés comme s'ils eussent été convenus avec le
Pape, sans examen détaillé de la part des législateurs,
comme un traité. Donc les législateurs n'ont pas prétendu
faire de chacun des articles un article de loi, mais accepter
dans l'ensemble un traité conclu de puissance à puissance.

S'il en est ainsi, nous demandons aux jurisconsultes
sérieux, quelle est la valeur légale des Organiques? Un
publiciste peu connu, mais nullement suspect de cléricalisme, M. Baillac, dans une brochure remplie d'attaques
contre l'Eglise, s'exprime ainsi après avoir rapporté l'histoire de cette fameuse délibération : « Si les raisons que
nous venons d'indiquer sont aussi fondées qu'elles nous le
paraissent, il semble bien difficile de ne pas admettre que
les articles organiques sont radicalement dépourvus de

caractère légal proprement dit, et, par suite, de force obligatoire. » (*Le Concordat de 1801 et les articles organiques,* par Jules Baillac).

Cette conclusion avait été développée par Mgr Sibour, dans sa lettre à l'archevêque de Paris, en 1844 : « Un traité sanctionné et érigé en loi ne peut avoir une véritable force légale que s'il est un véritable traité ;... de telle sorte qu'il n'y aura point de loi s'il n'y a point de traité ; c'est évident. Or, en examinant les actes dont nous nous occupons en ce moment, c'est-à-dire le Concordat et les articles organiques, nous reconnaissons bien dans le Concordat une véritable convention dont les clauses et conditions ont été réglées et régulièrement échangées entre les parties. Mais il nous est impossible de reconnaître le même caractère dans les articles organiques.

« Les articles organiques, qui devaient faire partie du traité, qui furent présentés comme en faisant partie, n'eurent rien de ce qui peut constituer une véritable convention. Ils furent dressés par le gouvernement tout seul, à l'insu du Souverain Pontife. L'existence du contrat, qui réside dans la concurrence et l'accord des deux parties, accord sans lequel il ne peut y avoir d'obligation mutuelle, ne se trouve nullement dans les articles organiques. Le gouvernement manqua de sincérité en les présentant aux Assemblées législatives d'alors comme convenus avec le Souverain Pontife, comme faisant partie du Concordat qu'il avait signé. Il en manqua ensuite vis-à-vis du Souverain Pontife en lui présentant ces articles comme une loi. Ils n'avaient rien ni d'un traité ni d'une convention quelconque, puisqu'ils n'en avaient que du gouvernement français tout seul; ils n'étaient pas non plus une véritable loi, puisque le Corps législatif ne les avait pas votés comme tels, mais seulement comme les annexes d'un traité.

« C'est là, si je ne me trompe, un vice radical pour les articles organiques. Ils ne sont en réalité ni un traité, ni une loi; nous ne pouvons y voir qu'un règlement de police qui s'est glissé furtivement, sous le manteau d'une convention mémorable, dans le sanctuaire du Corps législatif, et qui ensuite, à la faveur d'un titre coloré, mais usurpé, a trouvé place dans le *Bulletin des lois.* » (*Instit. dioces.* t., 2. p. 473).

Conclusion incontestable, à laquelle nous adhérons pleinement. Non, ce code impie, rempli d'hérésies et de prescriptions anticanoniques et oppressives, n'a pas été voté dans les conditions essentielles pour constituer une loi proprement dite.

III. — Napoléon le savait fort bien ; si bien que jamais il ne prit au sérieux les articles organiques et ne les traita comme de véritables lois.

En effet, le premier devoir du pouvoir exécutif est de faire exécuter les lois portées par les législateurs. Or Napoléon laissa très sciemment et très volontairement tomber dans l'oubli bon nombre de ces articles.

Le puissant monarque devant qui tout tremblait, n'eut pas sans doute assez d'humilité pour désavouer formellement son œuvre, mais les réclamations de la cour romaine et de l'épiscopat français firent en son esprit une salutaire impression. Il n'urgea pas l'exécution de ses articles, si bien que le conseil ecclésiastique, réuni par ses ordres en 1807, pour exposer les désirs du clergé, rendait hommage à sa modération sur ce point : « On a vu qu'à l'égard des articles organiques moins favorables à la discipline ecclésiastique, l'Empereur avait eu la condescendance de ne pas en presser l'exécution rigoureuse... Les articles additionnels au Concordat, ne lui ont pas porté d'atteintes essentielles, et les plus affligeants pour l'Eglise sont restés sans exécution. Il est permis d'espérer des modifications favorables. » (De Barral, *Fragments relatifs à l'histoire ecclésiastique des premières années du* XIXᵉ *siècle*, p. 171).

N'est-ce pas à des concessions semblables, sinon à des promesses formelles de Napoléon, que Pie VII faisait allusion dans son allocution consistoriale du 26 juin 1805, au retour du sacre ? « Les réponses de l'Empereur nous ont donné la plus grande espérance que l'Eglise gallicane, sortant insensiblement de son état de langueur, recouvrerait sa forme et sa vigueur primitives... Ne pensez pas, vénérables Frères, que nous n'ayons que des espérances. Plusieurs choses ont été faites qui sont comme le gage et les arrhes de ce qui doit se faire encore. »

On le voit. De part et d'autre on prenait si peu au sérieux le titre de lois donné aux Organiques que l'on faisait tout dépendre de la seule volonté du prince chargé de les faire exécuter. En agit-on ainsi avec une véritable loi ?

Bien plus. Napoléon ne se contentait pas dans la pratique de laisser sans exécution la plupart des articles organiques ; mais il les supprimait ou les modifiait à son gré par voie d'arrêtés ou de simples décrets. Parcourez les recueils des actes relatifs à l'Eglise, vous y verrez en assez grand nombre les ordonnances de Napoléon pour rapporter ou modifier substantiellement tel ou tel de ces articles. Il suffit de citer le décret du 28 février 1810, abrogeant ou modifiant d'un seul coup quatre de ces articles.

Supposons que le gouvernement du premier Empire les

eût considérés comme de véritables lois, le pouvoir exécutif aurait-il eu le droit de changer par décret les dispositions légales ?

L'Empereur, il est vrai, usait du pouvoir en maître absolu,
tout autant que l'autocrate de Russie ou le sultan de Constantinople. Cependant la France était encore sous le régime
et la Constitution de l'an VIII, sauf les modifications né-
cessitées par la transition de la République à l'Empire. Le
régime était censé représentatif, et par conséquent, la
confection des lois, leur abrogation et leur changement dé-
pendaient du Corps législatif. L'Empereur n'avait donc pas
le droit de modifier la loi. S'il le faisait pour les Organiques
sans le concours des législateurs, ne prouvait-il pas, du
moins par la pratique, qu'il ne les mettait pas au même
rang que les autres lois de l'Etat ?

Le gouvernement de la Restauration, et ceux qui l'ont
suivi, n'en ont pas agi autrement avec les Organiques.
Toutes les autorisations de congrégations religieuses, par
exemple, si nombreuses sous tous les régimes, ne sont-
elles pas contraires à l'article XII des Organiques ? Qui donc
a donné au pouvoir exécutif le droit d'aller contre les dispositions légales ? Et, pratiquement, n'a-t-on pas toujours
laissé dans l'oubli la plupart de ces articles ? Ecoutons
encore M. Emile Ollivier, peu suspect d'ultramontanisme :
« Croyez-vous, disait-il le 10 juillet 1868, à la tribune législative, que pour énumérer ceux de ces articles encore en
vigueur, il faille procéder en écartant ceux qui sont abrogés par désuétude ? Nullement. Ce serait un travail trop
long et trop fastidieux. Il suffit de rechercher quels sont
les articles conservés. Or, on en pourrait citer à peine un
ou deux, et encore ils ne sont pas exécutés tous les jours.
On ne les tire de leur néant et de leur obscurité que dans
les occasions importantes ; quand on veut se donner l'apparence de faire quelque chose en ne faisant rien. »

IV. — Voilà donc ce que sont ces fameux articles organiques, qui depuis près d'un siècle tiennent sous le joug la
grande Eglise de France. Portés en violation de tous les
principes du droit des gens, en opposition sur presque tous
les points avec la législation canonique, contraires aux
fondements même des constitutions qui gouvernent la
société moderne, votés à la hâte et grâce aux manœuvres
frauduleuses du pouvoir civil, par une assemblée incompétente ils ne peuvent revendiquer aucune valeur légale.

Malheureusement ils restent comme une arme dange-
reuse entre les mains des pouvoirs hostiles à l'Eglise.
Identifiés par la mauvaise foi ou l'ignorance, avec les con-
ventions du Concordat, ils fournissent à maint orateur

l'occasion de calomnier le clergé en le représentant comme
révolté contre les lois du pays. Accusation grave aux yeux
d'un public habitué à courber la tête sous toute prescription revêtue à raison ou à tort des apparences de la légalité.

Quel sera donc le premier devoir d'un pouvoir chrétien,
si Dieu, prenant en pitié notre malheureuse France, nous
accorde la grâce de le revoir un jour à notre tête? Il devra
réviser ce code informe, inapplicable, opposé à tout ce que
révère le vrai catholique ; il devra retrancher du nombre
de ces prétendues lois tant de prescriptions vexatoires qui
pèsent sur l'Eglise, et changer en protection dévouée ce
joug de fer que nous subissons depuis si longtemps. A
cette condition seulement il y aura accord entre les deux
pouvoirs. L'Eglise trouvera alors un véritable allié dans
l'Etat ; le prince chrétien, réalisant l'idéal de nos pères,
mettra son épée au service de l'Eglise, sans réclamer en
retour de ses services le droit de la régenter. Mais en
récompense de son dévouement, l'Eglise travaillera à l'en-
tourer lui-même du respect et de l'obéissance des peuples ; elle assurera l'observation consciencieuse des lois,
la tranquillité et la sécurité des nations. Elle mettra un
terme à ces violentes révolutions, à ces attentats sauvages
qui remettent tous les jours en question l'existence des
sociétés. Il y aura alors, non la séparation tant rêvée de
l'Eglise et de l'Etat, mais l'union intime, féconde des deux
pouvoirs pour assurer la paix et le bonheur des peuples
chrétiens.

TABLE DES MATIÈRES

Pages.

Concordat.. 3

Articles organiques.................................. 7

§ Ier. — Valeur des Articles organiques au point de vue du
Droit des gens..................................... 13

§ II. — Valeur des Articles organiques au point de vue du
Droit canonique.................................... 34

§ III. — Valeur des Articles organiques au point de vue du
Droit civil.. 55

550   Grenoble, imprimerie Baratier et Dardelet.   4427